KEET SMAKELIJK

77 vrolijke recepten en een pond gezond verstand

Laura Emmelkamp & Scato van Opstall

een uitgave van
KEETSMAKELIJK.NL

Voor Puck, Bliek
en alle andere kinderen op deze aardkloot.

Inhoudsopgave

HOE KEET SMAKELIJK WERD   8

RECEPTEN   14 - 164

Vliegende start   14
- In de rij voor een hanenei   16
- Pap van mam   18
- Geheime wapens   20
- Lekker lange smoothies   22
- Klutseitjes   24
- Krachtvoer   26

Schafttijd   28
- Oervoer   30
- Broodje brandgevaar   32
- Griekse salade   34
- Groenten uit Waldorf   36
- Quichekeurige kabouters   38
- Oost West humus best   40

In de soep gelopen   42
- Prikkelsoep   44
- Groentesloep   46
- Rode planeetsoep   48
- Eigenwijze geitenbrij   50
- Zoek de camouflagesoep   52
- Heksenketel   54
- Kluitengooi   56
- Kikkererwtensoep   58

Krachtpasta   60
- Slingerspaghetti   62
- Koud kunstje   64
- Powerpesto   66
- Doe-het-zelf-pasta   68
- Pow wow pasta   70
- Pasta met boer en kool   72

Aardige appels   74
- Bakken met goudklompjes   76
- Viskoekje erbij?   78
- Brokkenpiloot   80
- Haaibaai   82

Stampij maken   84
- Rucolabergen aan Zee   86
- Drakengrotten   88
- IJsbeer met ei   90

Wie rijst er mee?   92
- Drakenstaarten   94
- Gevaarlijk lekker Thais hapje   96
- Pindavulkaan   98
- De couscouscaravaan   100
- Tomatador   102
- Je eigen sushifabriek   104
- Woestijnvisschotel   106

Groenvoorziening   108
- Handen omhoog of ik sla!   110
- Tipische boontjes   112
- Ik lust je rauwkost   114
- Scheursla   116
- Op de spies gedreven   118
- 1000 robijnen & granaten   120
- Gestampte dophertjes   122
- Eerste hulp bij bonen   124

Pannenkoekenplaneet   126
- Mamapapapannenkoek   128
- In de prak gedraaid   130
- Zoute zeepoffers   132
- Pannakoekjes   134
- Droomflensje   136

Toetjesparadijs   138
- Hangop-Hijsop-Eetop   140
- Primitieve plakjes   142
- Kruimelwerk   144
- Crimineel lekker   146
- Blind gebakken   148
- Jurassic kwark   150

Koekjes van ander deeg 152
   Zingende zoutjes 154
   Apenrotsen 156
   Snelle koekjes 158
   Muffinnetje 160
   Bruine modderkoek 162
   Bosbesbaksel 164

KEET ABC 166 - 234

   Aan tafel 168
   Apparaten 169
   Beweging 170
   Biologisch 171
   Brood 173
   Calorie 174
   Diabetes 176
   Dieet 178
   E-nummers 179
   Ei 181
   Eiwitten 182
   Etiket 183
   Frisdrank 185
   Fruit 186
   Geen tijd 187
   Geld 188
   Gezondheidsclaims 189
   Groente 191
   Junkfood 192
   Kamperen 193
   Knutselvoer 194
   Koolhydraten 196
   Landbouwgif 197
   Light 199
   Lus ik nie.... 200
   Melk 202
   Mineralen 203
   Omega-3 204
   Overgewicht 206
   Portiegrootte 208
   Scholen 209
   Suiker 210
   Tanden 212
   Transvet 213
   Tuinieren 216
   Uitje 217
   Variatie 218
   Vegetarisch 220
   Vet 222
   Vezels 224
   Vis 225
   Vitamines 227
   Voorraadkast 229
   Zoetstoffen 230
   Zout 232
   Zorgeloos 234

BRONNEN 236

KEET SMAKELIJK BEDANKT 238

COLOFON 240

HOE KEET SMAKELIJK WERD

Het begon met een uitdaging. Verse groenten naar binnen krijgen bij onze kinderen. Je kent het wel: wortel en komkommer, dat lukt nog. Gebakken aardappels en boerenkool soms ook. Maar bij asperges, champignons en rucola gaan veel kindermondjes stevig op slot.
Lange tijd kookten we apart voor onze kinderen. Omdat ze wel sperziebonen aten, maar geen tomaat, paprika, aubergine, courgette. Ze wilden wel dezelfde pasta. Maar niet onze saus. Met rode en groene dingetjes erin. Blèh.

We hebben alles geprobeerd. Beloningen, heel erg streng zijn, helemaal niet streng zijn en een klein beetje streng zijn. Het mocht niet baten. Daar zit je dan, met je mond vol tanden. Je wilt dat ze gezond eten, maar het moet ook gezellig blijven. We waren trouwens vaak te moe (en soms te lui) om de strijd aan te gaan. Toen kwam die gedenkwaardige dinsdag....

Een kindvriendelijke groente - broccoli - staat op tafel. Precies goed gekookt, tussen zacht en toch knapperig in. Geen extreme smaak. En toch blijft-ie weer liggen. We willen onze stem verheffen. Stilte voor de storm. Sly & the Family Stone klinkt op de achtergrond. It's a family affair.

En opeens zien we het licht. Broccoli is groente met afrohaar! En met een 'fro' moet je vaak naar de kapper. Om beurten knippen de kinderen een stronkje broccoli, met hun melkgebit als schaar.

De Broccoli's, zoals deze Beroemde Groene Funkband nu heet, komen natuurlijk telkens terug. De coupe moet nog korter. Tot ze helemaal zijn opgeknipt. We liggen in een deuk. De bak met broccoli is leeg. Die dag werd Broccolikapper een begrip – en broccoli één van hun favoriete groenten. Met dank aan Sly & the Family Stone.

Aha, zo werkt het dus. Je moet geen groente verkopen, maar een goed verhaal. 'Morgen eten we sla die piraten ook altijd op zee eten. Sla met robijnen.' Donker. Waxinelichtjes aan. Deksel op de slabak annex schatkist. 'Mag ik 'm opendoen?' Magie! Echte robijnen schitteren op de sla. 'Kun je die eten?' De rode friszoete pitjes uit een granaatappel zijn sindsdien een hit. De onderliggende veldsla met fijngesneden venkel en gele paprika gaat vrolijk mee naar binnen.

Denk niet dat we nu elke dag de Efteling naspelen met eten. Meestal gaat het er wat slordiger aan toe. De tafel wordt heel vies, als er maar keet is. 'Wie krijgt de grootste hap spaghetti op z'n vork?' Bonen als slachttanden in mondhoeken. Als ze bataat serieus proeven en serieus niet lekker vinden, mogen ze 'm serieus uitspugen (wel op hun eigen bord, graag). Ludieke beloningen: Spruitje op? Mag je op je stoel staan en een zelfgemaakt lied zingen. 'Koekaaaaaah!' is zo een nummer één hit geworden bij ons thuis.

Het lukt natuurlijk niet altijd. Maar het is wel lachen, in plaats van lastig. Ook vriendjes en vriendinnetjes die op bezoek komen, eten bij ons vreemde dingen, zoals groene asperges. Of ze durven in ieder geval een hapje te proberen. Tot verrassing van hun ouders. 'Hoe doen jullie dat?', vragen ze verbaasd. 'Drakenstaarten', zeggen wij dan. 'Eet maar op, dan gebeuren er de gekste dingen.

Als je straks gaat plassen, ruik je de geur van drakenhuid. Zo leren jonge ridders draken vangen: wie die lucht in het bos ruikt, weet dat er een draak in de buurt is.'

Eén ding hadden we dus geleerd. Kinderen en groente kunnen vrienden worden. Dat hoeft geen gevecht te zijn. Mmmm. Kunnen we daar geen boek over maken? Een paar familierecepten, wat melige verhaaltjes, een gekke foto of tien en wat gezonde tips. Geen raketwetenschap, dachten we.

Dat was drie jaar geleden. We begonnen recepten te verzamelen. En een beetje over eten te lezen. We kwamen grappige dingen tegen (vergeten groenten uit de Middeleeuwen) en lastige dingen (te veel bestrijdingsmiddelen op supermarktsla). We lazen nuchtere analyses over vetten. Handleidingen voor onhaalbare oerdiëten. We probeerden exotische hapjes en de kinderen goten onze mislukte groentesapjes door de gootsteen.

De fascinatie voor eten groeide. Hoe meer we lazen, hoe meer we wilden weten. Ons leven draaide steeds meer om die ene vraag: Wat is gezond en lekker voor kinderen?

We zagen documentaires over landbouw en lazen etiketten. We bekeken de Keuringsdienst van Waarde, proefden darmfloradrankjes en verschalkten rapporten met feiten en cijfers over ons eetpatroon. We aten Raw Food, Slow Food, Junk Food en Smart Food.

Na anderhalf jaar koken, proeven en lezen, bleek dat zo'n geinig boekje toch wat lastiger was dan we dachten. Ouders 'even' wat tips geven is onmogelijk. Ons voedingspatroon is behoorlijk bizar en ons voedsel nogal gekunsteld.
Geen wonder dat je steeds meer dikke kinderen ziet in het zwembad. We doen maar wat, met z'n allen. En al die stofjes en termen en onderzoeken... Geen mens die er wijs uit wordt, inclusief de onderzoekers zelf, lijkt het wel. Als we een boek over eten wilden maken, moest het ook echt kwaliteit hebben. Een hartverwarmend kookboek met gedegen informatie.
Vol tips en trucs. Een spoedcursus gezond eten. Een boek waar je vrolijk van wordt. Eten = keten. Zoiets.

De anderhalf jaar daarna waren krankzinnig. Zo'n gezinsproject is lachen, maar dat verging ons ook wel eens. Koken, testen, verhalen en plaatjes verzinnen, fotograferen, researchen, schrijven en herschrijven. We wisten ook dat uitgevers altijd iets anders willen dan wij. 'Je moet deze illustrator nemen, de omslag moet rood en veel meer wokgerechten graag.' Dus besloten we Keet Smakelijk zelf uit te geven.

Het resultaat ligt voor je: 77 recepten in vrolijke cadeauverpakking. Plus een pond gezond verstand: 12.345 pagina's research, ingekookt tot 46 hapklare hoofdstukjes. En wie meer wil weten kijkt op keetsmakelijk.nl.

We hopen dat steeds meer mensen dezelfde ontdekking doen als wij: niets is heerlijker dan eerlijk eten. De gezondheid van kinderen begint op hun bord. En elke dag samen aan tafel eten, kletsen en klooien is het leukste dat er is.

Keet Smakelijk!

Laura Emmelkamp
Scato van Opstall

Maak je vader of moeder op tijd wakker (heel zachtjes, dat wekt beter). En zorg dat ze elke ochtend iets bijzonders voor je maken. Een hanenei. Een smoothie. Of zelfgemaakt krachtvoer.
Als ze niet meewerken, praat ze dan een schuldgevoel aan. Zonder ontbijt maak jij een valse start. Je zit als een zoutzak in de klas en je wordt eerder dik. Je spijsvertering komt niet goed op gang en je gaat eerder snoepen. Wedden dat ze dan uit bed kruipen?
Misschien niet zo snel, maar wel op tijd. Voor jouw ontbijt.

VOOR EEN HANENEI

Goedemorgen! Deze kippen zijn er als de kippen bij. Want het gebeurt niet elke dag, de geboorte van zo'n prachtig hanenei. Een paar dames maken zich zorgen. Als alle hanen aan de leg gaan, moeten de kippen het kukelen overnemen. En probeer maar eens kukeleku te zeggen, als je normaal alleen tok tok tok uit je snavel krijgt. Dat wordt flink oefenen. Ondertussen ga jij proeven hoe zo'n broodje hanenei smaakt.

maken: 10 minuten
in de oven: 10 minuten

Verwarm de oven voor op 200 graden.

Besmeer de boterhammen lichtjes met zachte roomboter. Steek met behulp van een glas (7 cm doorsnee) rondjes uit het brood. Als je geluk hebt, levert 1 boterham 2 rondjes op. Dan heb je maar 6 boterhammen nodig.
Leg de broodrondjes met de beboterde kant naar beneden in de vormpjes van een muffinbakblik en druk ze stevig aan. Je hebt nu 12 broodbakjes. Strooi wat geraspte kaas op de bodem van ieder broodbakje. Halveer de kerstomaatjes en leg in ieder bakje twee helften. Breek boven ieder bakje een kwartelei. Voeg versgemalen zout toe en strooi nog wat geraspte kaas over het geheel.
Bak de eitjes 10 à 12 minuten, tot het ei gestold is en de kaas gaat borrelen.

voor 12 broodjes gebakken hanenei

12 kerstomaatjes
12 kwarteleitjes
1 ons geraspte jonge kaas
12 lichtbruine boterhammen
(of 6 grote exemplaren)
zachte roomboter

extra nodig: 1 muffinbakblik

Je hebt pap en je hebt mam. Mam kan wel pap maken, maar pap geen mam. Pap kan gelukkig ook pap maken, dus als mam er niet is, is er wel pap. Kinderen lusten er wel pap van, van die pap van mam. Ze lusten natuurlijk ook pap van pap. Als die tenminste niet vergeet het zout in de pap van mam te doen. En op zondag zorgt mam voor de krenten in de pap van pap.

maken: 10 minuten

Breng de melk met citroenschil en zout langzaam aan de kook in een pan met dikke bodem. Doe de havermout bij de melk en laat alles een minuut of 5 zachtjes koken. Roer regelmatig. Verwijder de citroenschilletjes en verdeel de pap over vier kommen of diepe borden. Laat 2 minuten afkoelen, dan wordt de pap nog wat dikker. Schenk er wat room of honing over.

voor 4 personen

8 deciliter melk
130 gram havermout
4 eetlepels honing of ahornsiroop
2 stukjes (biologische) citroenschil
$\frac{1}{2}$ theelepel zout
4 eetlepels room

Ga naar de M van Melk

Versterk je weerstand. Vecht tegen vetrollen. Het kan allemaal met een geheim wapen: de vitaminebom. We hebben het recept ontcijferd: f-r-u-i-t-s-a-l-a-d-e. Je kunt het eenvoudig zelf maken, door een combinatie van explosieve smaken. Heb je wel eens het uniform van een generaal bekeken? Rechts op z'n borstkas zitten gekleurde stukjes stof. Dat heet ook fruitsalade. Kan geen toeval zijn.

Vitaminebommen maak je met verschillende fruitmixen. Ze worden nog veel explosiever met 1 eetlepel citroensap en een klein beetje (riet)suiker. Voorzichtig mengen en 10 à 15 minuten op elkaar laten inwerken.

Vitaminekanon

1 banaan
1 handsinaasappel
2 kiwi's
2 ons blauwe druiven
2 (rijpe!) perziken

Was de druiven, halveer ze en verwijder de pitjes met een lepeltje of scherp mesje. Schil het overige fruit, snij het in mooie stukjes en schep alles voorzichtig om.

Vitaminebazooka

1 Galia meloen
100 gram aardbeien
100 gram blauwe bessen

Snij meloen en aardbeien in hapbare stukjes, voeg de bessen toe en schep voorzichtig om.

Warm Oorlogstuig
(voor het winteroffensief)

2 appels
50 gram noten (bijvoorbeeld pecannoten, walnoten, amandelschaafsel)
30 gram rozijnen, 15 minuten geweld in water en uitgelekt
½ theelepel kaneel
1 kneepje citroensap
1 eetlepel bruine suiker
1 eetlepel roomboter
Griekse of Biogarde yoghurt

Verwarm de oven voor op 180 graden. Vet een metalen bakblik in met roomboter. Schil de appels. Snij ze in langwerpige partjes met een dikte van ongeveer 1 cm. Meng alle ingrediënten in het bakblik en laat ze 15 minuten op elkaar inwerken. Zet het blik 15 minuten in de warme oven tot het fruit zacht en warm is. Serveren met Griekse yoghurt of Biogarde. Je kunt er ook nog honing of ahornsiroop aan toevoegen.

WAPENS

Ga naar de F van Fruit

Smoothies spreek je uit als smoezies. Ze hebben niks met smoesjes te maken, maar zijn wel een prima excuus om 's ochtends keihard de blender aan te zetten. Is iedereen in één keer wakker.

Alle recepten zijn voor 4 korte glaasjes of 2 lange

Aardbyebye

150 gram aardbeien (of frambozen)
1 banaan
4 deciliter yoghurt
2 deciliter sinaasappelsap, vers geperst
scheutje diksap (aardbei-framboos)

Haal de kroontjes van de aardbeien en snij ze doormidden. Doe alles in de blender en mix tot een glad mengsel.

Papayama

300 à 400 gram papaya
1 limoen
5 deciliter sinaasappelsap
1 eetlepel honing

Doe de papaya met het sap van de sinaasappels en de limoen in de blender.
30 seconden mengen. Dan de honing erbij mixen en wat bronwater met bubbels, voor een bruisend effect.

Bosbesbuzz

125 gram bosbessen (vers of uit de vriezer)
1 appel
4 deciliter yoghurt
1 eetlepel honing of diksap

Schil de appel en snij in stukjes. Doe alle ingrediënten in de blender en draaien maar. Mix tot een luchtig geheel. Eventueel verdunnen met een beetje water.

Funky Framboos

150 gram frambozen
2 perziken
1 banaan
1 eetlepel honing
2,5 deciliter water

Doe alles in de blender en mix tot een glad mengsel.

Ga naar de A van Apparaten

Iedereen raakt de kluts wel eens kwijt. Meestal gebeurt dat tijdens het klutsen van eieren. Want voor klutseitjes moet je best handig zijn. Een professionele klutser is geen prutser en houdt de volgende punten goed in de gaten: 1) klutstempo 2) klutsrichting en 3) klutsduur. Als je er eentje vergeet, ben je de kluts kwijt en wordt je roerei een rubberei. Ouders zijn er vaak te ongeduldig voor. Veel kinderen zijn gelukkig geboren klutsers.

EITJES

voor 4 personen

8 middelgrote eieren
2 eetlepels roomboter
2 eetlepels room of crème fraîche
zout en versgemalen peper
warme toast
verse tuinkruiden

maken: 10 minuten

Doe roomboter in een pan en laat smelten zonder te kleuren. Breek de eieren boven een kom en klop ze luchtig los. Giet de eieren in de pan met gesmolten boter. Pak een houten spatel en schep en roer rustig van buiten naar binnen. Zorg dat de gestolde delen van de bodem en de zijkant loslaten. De eieren versmelten op deze manier tot een smeuïg, luchtig en zacht geheel. Roer vooral rustig en ga niet als een betonwerker tekeer, want dan krijg je dus droge rubberkorrels.

Haal de pan van het vuur als het roerei voor een groot deel is gestold en een zachte, romige structuur heeft. Voeg 1 eetlepel room of crème fraîche toe en roer opnieuw voorzichtig om. Door de room stop je het kookproces en zullen de eieren niet verder garen. Breng op smaak met peper en zout en serveer direct, liefst met warme toast en verse tuinkruiden.

Ga naar de E van Ei

Wie wil werken als een werkpaard, springen als een springpaard en rennen als een renpaard heeft meer nodig dan slappe cornflakes of crazy chocopuffs. Dan ben je klaar voor zelfgemaakte muesli. Pimp je eigen krachtvoer en bewaar het in een luchtdichte pot of trommel. Het is even wennen als je altijd fakeflakes hebt gegeten, maar je merkt al snel dat de kracht van dit voer geen verzinsel is.

Koop een zak echte muesli met havervlokken, noten en gedroogd fruit. Je kunt dit power-ontbijt pimpen door extra ingrediënten toe te voegen: cranberries, stukjes gedroogde abrikoos, stukjes gedroogde vijg, stukjes dadel, geraspte kokos, zonnebloempitten, pompoenpitten, noten (amandel, hazelnoot, walnoot), tarwekiemen, gebroken lijnzaad (omega-3!) en rozijnen. Meng een paar scheppen van het mengsel in een kommetje met wat yoghurt. Doe dit 's avonds en zet het afgedekt weg. Dan kan alles 's nachts op elkaar inwerken, waardoor de muesli een gladde en goed verteerbare structuur krijgt. Als de yoghurt door het wellen van de havervlokken te dik is geworden, kun je extra yoghurt, melk of room toevoegen. En doe er wat geraspte appel door, voor een extra fris accent.

basis muesli

echte muesli met havervlokken,
noten en gedroogd fruit
yoghurt of melk
geraspte appel

extra lekker

cranberries
stukjes gedroogde abrikoos
stukjes gedroogde vijg
stukjes dadel
geraspte kokos
zonnebloempitten
pompoenpitten
noten (amandel, hazelnoot, walnoot)
tarwekiemen
gebroken lijnzaad (omega-3!)
rozijnen

Ga naar de O van Omega-3

TIJD

Er zijn twee groepen mensen die halverwege de dag getoeter in hun buik horen. Dat zijn bouwvakkers. En kinderen in de groei. Daar moet brandstof in. Geen bleke bolletjes, maar heerlijk oervoer. Dampende tosti's. Of eerlijke kost die je rauw lust, met stoer brood erbij. Schaften, heet dat. Schaften betekent scheppen. Eten scheppen in een lijf dat honger heeft.

Een olifant is een klein beestje, als je 'm vergelijkt met een Speltosaurus. Dat waren de grootste en sterkste vegetariërs die ooit leefden. Ze graasden speltgraan. Met kaken als molenstenen maalden ze daar oermeel van. Veel gezonder dan tarwemeel. Helaas zijn alle Speltosaurussen uitgestorven door een grote meteoriet, die miljoenen jaren geleden op de aarde viel. Gelukkig heeft het speltgraan de klap overleefd.

maken: 15 minuten
in de oven: 20 minuten

Verwarm de oven voor op 180 graden.
Beboter een muffinbakplaat of zet er papieren vormpjes in.
Je hebt twee mengkommen nodig. Een kleinere waarin je de droge ingrediënten mengt: speltmeel, havermout, kaneel, zout en bakpoeder. En een grotere voor de natte afdeling: eieren, honing, geraspte appel, rozijnen en de melk.
Dan voeg je de droge ingrediënten bij de natte. Langzaam roeren in deze oermassa, die best plakkerig is.
Met twee lepels schep je het mengsel in de muffinvormen.
Twintig minuten bakken en klaar is je oervoer.

voor 12 stuks

200 gram speltmeel
75 gram havermout
50 gram rozijnen
1 grote of 2 kleine appels
2 deciliter melk
2 eieren
3 eetlepels honing
1 theelepel kaneel
1 theelepel bakpoeder
$\frac{1}{2}$ theelepel zout

extra nodig: muffinbakblik

GEVAAR

Oud brood. Een restje brie. Een verdwaald appeltje. Lekker? Ja hoor. Als je er een tosti van maakt wel. Probeer rare combinaties zoals Kaas met Peren en geef ze een toepasselijke naam. Let goed op. Want of je nu een tostiapparaat, een tosti-ijzer of een oven gebruikt: waar rook is, is vuur. Verbrande tosti's mag je wel blussen, maar niet opeten. Maak er een houtskooltekening mee. Van een stoere brandweerman.

Tosti Geitengril

2 boterhammen
paar plakjes jonge geitenkaas
2 plakjes tomaat
1 theelepel honing
2 takjes verse tijm

Beleg een boterham met geitenkaas. Leg er plakjes tomaat op en bestrooi met wat verse tijmblaadjes. Giet er wat honing over. Klap de andere boterham er op en rooster 3 à 5 minuten in een tosti-apparaat. Snij de tosti schuin doormidden.

Tosti Franse Fik

2 boterhammen
paar plakjes brie
½ appel, dun gesneden in schijfjes
1 eetlepel amandelschaafsel, licht geroosterd

Beleg een boterham met plakjes brie. Leg er dungesneden plakjes appel op en bestrooi met amandelschaafsel. Klap de andere boterham er op, 3 à 5 minuten in een tostiapparaat. Snij de tosti schuin door midden.

Tosti Drakenstaart

2 boterhammen
paar plakjes (buffel)mozzarella
paar groene asperges, in dunne repen of plakjes
1 eetlepel bieslook, fijngesneden

Beleg een boterham met mozzarella (neem wel echte, niet zo'n rubber bal). Verdeel de asperges over de mozzarella en strooi er wat bieslook over. Klap de andere boterham er op en rooster 3 à 5 minuten in een tostiapparaat. Snij de tosti schuin door midden.

Tosti Groen Vuur

2 boterhammen
paar plakjes jonge kaas
paar plakjes dungesneden courgette
1 eetlepel pesto

Beleg een boterham met kaas. Leg er plakjes dungesneden courgette op en wat pesto. Klap de andere boterham er op en rooster 3 à 5 minuten in een tostiapparaat. Snij de tosti schuin doormidden.

Ga naar de B van Brood

SALADE

Veel mensen denken dat Griekenland wordt bevolkt door oude vrouwtjes met één tand op een ezel. Drieduizend jaar geleden was dat wel anders. Wij liepen hier in berenvellen, maar de Grieken hadden al Olympische spelen. Wij woonden in plaggenhutten. De Grieken bouwden tempels van blinkend marmer. Echt waar: ze staan er nog steeds. Wel een beetje afgebrokkeld, maar goed. Ook Griekse kaas brokkelt af en is toch heel lekker in een salade.

maken: 20 minuten

Halveer de tomaatjes. Schil de komkommer (of niet) en snij er halve maantjes van. Verwijder zaadlijsten van de paprika en snij de paprika in lange repen of kleine stukjes. Verdeel tomaat, paprika, komkommer en olijven over een grote, platte schaal. Meng de olijfolie met balsamico en giet het over de salade. Breng verder op smaak met versgemalen zout en peper. Schep alle groenten voorzichtig om. Brokkel de feta in kleine stukjes en strooi over de salade. Meng peterselie, dragon en koriander in een apart kommetje. Schep de salade op borden. Fijnproevers kunnen er nog wat rode ui en verse kruiden aan toevoegen. Heerlijk met een warme ciabatta of een stokbrood.

Pas op... Echte feta is gemaakt van Griekse schapenkaas (80%) en geitenkaas (20%). In Nederland krijg je meestal goedkope nep-feta. Een slechte vertaling van het Griekse orgineel. Het zijn bremzoute, naar rubber smakende kaasplakken van koeienmelk. De naam feta is beschermd, dus op de nepfeta's staan meestal camouflagenamen als 'saladekaas' of 'mediterrane stijl witte kaas 45+'. Bestudeer het etiket als je de echte wilt en kijk of er schapenmelk en geitenmelk is gebruikt.

voor 4 à 6 personen

20 cherrytomaatjes
1 komkommer
1 rode paprika
1 rode ui, in dunne ringen
20 zwarte olijven, zonder pit
150 gram feta
2 eetlepels bladpeterselie, fijngesneden
1 eetlepel dragon, fijngesneden
1 eetlepel koriander, fijngesneden
5 eetlepels olijfolie
1 eetlepel balsamico azijn
1 ciabatta of stokbrood

Ga naar de E van Etiket

uit Waldorf

In 1896 werd de eerste Waldorf Salade gemaakt, in de keuken van het Waldorf Astoria Hotel in New York. Dat is een peperduur hotel voor poepie-sjieke mensen. Daar trekken wij ons niks van aan. Als je geen geld voor een duur hotel hebt, maak je 'm gewoon zelf op de camping. Net zo lekker en leuker bovendien: in een hotel valt niks te beleven en je moet nog netjes eten ook.

maken: 25 minuten

Laat de rozijnen een kwartiertje wellen in heet water en laat ze uitlekken in een vergiet. Snij de bleekselderij in dunne plakjes. Snij de halve selderijknol in luciferreepjes en blancheer ze een minuut in kokend water. Schil de appel en snij de partjes in kleine blokjes. Maak een dressing van mayonaise, yoghurt, slagroom, mosterd en citroensap. Proef op peper en zout. Meng de dressing voorzichtig door de bleekselderij, selderijknol, appel en rozijnen. Hak de walnoten in kleine stukjes en strooi over de salade.

Zet je Waldorf een uur in de ijskast, zodat de smaken zich kunnen ontwikkelen.

voor 4 à 6 personen

3 stengels bleekselderij
½ knolselderij
100 gram walnoten
1 friszure appel
50 gram rozijnen
2 eetlepels mayonaise (zie p. 77)
3 eetlepels yoghurt
1 eetlepels slagroom
1 theelepel grove mosterd
1 kneepje citroensap

kabouters

voor 12 stuks

1 rode ui
250 gram (kastanje)champignons
3 takjes tijm
12 lichtbruine boterhammen
(of 6 grotere)
100 gram gruyère
10 gram zachte roomboter
2 eetlepels olijfolie

extra nodig: muffinbakblik

Dingen die iets anders smaken dan je gewend bent, vinden veel kinderen niet lekker. Dat heet kieskeurig. Hoe kleiner je bent, hoe kieskeuriger. Kun je nagaan hoe kieskeurig kabouterkinderen zijn! En toch eten kabouters wel champignons. Dat komt omdat hun ouders er een quiche van maken. Dat is een minitaartje met kaas. Zelfs de kleinste kabouters durven er een hapje van te nemen.

maken: 20 minuten
in de oven: 10 à 12 minuten

Verwarm de oven voor op 190 graden.

Bak de fijngesneden ui ongeveer 10 minuten op een laag vuurtje in wat olijfolie. Maak de champignons schoon met keukenpapier of een zacht borsteltje. Hak de champignons in kleine stukjes en doe ze bij de uien. Bak alles nog even op middelhoog vuur, tot de champignons gaar zijn. Doe de afgeriste tijmblaadjes erbij. Besmeer het brood lichtjes met zachte roomboter. Steek met behulp van een glas (7 cm doorsnee) rondjes uit het brood.

Als je geluk hebt, levert 1 boterham 2 rondjes op. Dan heb je maar 6 boterhammen nodig.
Leg de broodrondjes met de beboterde kant naar beneden in de vormpjes van een muffinbakblik en druk ze stevig aan. Je hebt nu 12 broodbakjes, waarover je het champignonmengsel kunt verdelen. Strooi geraspte kaas over de bakjes en bak de kaboutertaartjes 10 à 12 minuten, tot de kaas gaat borrelen en het broodbakje lekker krokant is.

Ga naar de L van Lus ik nie...

HUMUS BEST

Humus betekent aarde in het Nederlands en kikkererwt in het Arabisch. Je zegt hoemoes of goemoes. Je schrijft meestal hummus of houmous. Humus op je boterham zorgt voor een vruchtbare bodem. Met wat rauwkost en sterrenkers klei je een vredig landschapje, waar iedereen zich thuis voelt.

maken: 20 minuten

Kinderen vinden humus best lekker, als er maar geen (of heel weinig) knoflook in zit. De oplossing is simpel. Voeg de knoflook pas later toe. Verdeel de humus uit de keukenmachine over twee kommetjes. Kommetje 1 is zonder knoflook. In kommetje 2 kan zoveel knoflook als je wilt.

Doe de kikkererwten in een vergiet en spoel ze af onder koud stromend water. Dan gaan ze in de keukenmachine, samen met tahinpasta, citroensap, water, komijn en zout. Tijdens het malen de olijfolie er rustig bij gieten. Proef de humus en doe er eventueel nog wat olijfolie, tahin of zout bij. Maak je speciale eigen variant. Experimenteer met specerijen als cayennepeper, paprikapoeder, koriander en komijn. En een beetje citroensap. Is de humus te dik? Voeg wat extra water toe. Te droog van smaak? Meer olie! Laat de motor nog een keer draaien tot je de perfecte humus hebt.

Schep de humus in een schaaltje of kom. Besprenkel met wat olijfolie en garneer met paprikapoeder en peterselie.

Humus is heerlijk met warm brood, olijven en knapperige, rauwe groenten, zoals wortel, radijs, paprika, komkommer, tomaatjes en alfalfa. Het is extra lekker tijdens een Nederlandse zomer, vooral als er buiten een Turks zonnetje schijnt. Keet Bismillah!

voor 4 personen

250 gram gekookte kikkererwten (pot of blik)
1 eetlepel tahin (sesampasta)
1 teentje knoflook
1 eetlepel citroensap
2 eetlepels water
½ theelepel komijn
½ theelepel zout
1 deciliter olijfolie

garnering:
½ theelepel milde paprikapoeder
1 eetlepel bladpeterselie of koriander, fijngesneden

GELOPEN

Grote mensen zijn misschien groot, maar ze weten echt niet alles. Zo hebben ze vaak geen idee wat soep eigenlijk is. Dus zet ze op een stoel en doe een simpele soeptest.

Wat is soep?
A: Opgewarmde blubber uit een blik of zak, waar een halve champignon in zit. Of een paar bruine stuiterballen.
B: Een zakje met droge stukjes, waar je heet water bij giet.
C: Warm, vloeibaar voedsel van verse groenten.

Als ze A of B zeggen, is het tijd voor plan C. Zoek een lekker soepje uit op de volgende bladzijden. Laat ze het zelf maken. Zo trek je ze weer uit de soep.

soep

voor 4 à 6 personen

200 gram jonge brandnetelblaadjes
2 middelgrote aardappels
1 grote ui, in dunne ringen
1 teentje knoflook, gehakt
8 deciliter groentebouillon
1 deciliter room
½ citroen
½ theelepel cayennepeper
2 takjes tijm
1 eetlepel olijfolie
1 eetlepel roomboter

Omdat brandnetels prikken, durft niemand ze te eten. Jij wel. Wedden? Pak een paar keukenhandschoenen. Pluk 200 gram jonge, groene brandneteltoppen (de onderste helft laat je staan). De truc is simpel: als je brandnetels kookt, verdwijnt de prik. Dat vertel je er niet bij. Sluit eerst een paar weddenschappen af. 'Wat krijg ik als ik een hele kom brandnetelsoep eet?' Brandnetels kosten niets. Maar iemand brandnetelsoep zien eten, is goud waard.

maken: 25 minuten (exclusief brandnetels plukken)
koken: 20 minuten

Verwarm boter en olijfolie in een pan met dikke bodem en smoor de ui 5 minuten. Voeg fijngehakte knoflook en cayennepeper toe en schep om. Schil de aardappels en snij ze in dobbelsteentjes van 1 cm. Doe de aardappels in de pan, samen met de tijm. Schenk de bouillon erbij en laat 20 minuten zachtjes koken, tot de aardappels gaar zijn. Trek keukenhandschoenen aan. Ris brandnetelblaadjes van de stengel. Goed wassen en fijnsnijden. Doe ze in de pan bij alle andere ingrediënten en laat ze 5 minuten meekoken. Dat is voldoende om de prik er af te halen.

De soep laten afkoelen en pureren met een staafmixer of in de blender. Zet de soep terug op het vuur en doe de room erbij, zodat alles wat zachter van smaak wordt. De soep mag nu niet meer koken, anders gaat de boel schiften. Breng de soep aan tafel verder op smaak met zout, versgemalen peper en een kneepje citroen.

Serveer brandnetelsoep met zelfgemaakte **croutons**: verwarm de oven voor op 200 graden. Verwijder de korst van een paar sneetjes oud - wit of lichtbruin - brood. Bestrijk het brood aan beide zijden lichtjes met wat olijfolie. Snij het brood in kleine blokjes. Doe ze in een bakblik en bak 5 minuten in de oven. Schep de broodblokjes tussendoor een keer om. Haal de croutons uit de oven en schud ze door elkaar in een schaaltje met wat zout.

Geen tijd om brandnetels te plukken? Met waterkers of spinazie gaat het ook. Maar dan kun je geen weddenschappen afsluiten.

Minestronesoep is bedacht door Italianen, die net als veel Nederlanders naar het land van de Indianen emigreerden. Amerika! Zoveel verschillende mensen en culturen bij elkaar, daar komen bijzondere dingen uit. Zoals een Hollandse groenteboer die in een Indianenkano door de Italiaanse soep vaart.

maken: 25 minuten
koken: 30 minuten

Begin met hakken en snijden. Ontvel de tomaten en verwijder de pitjes. Top de sperziebonen. Schil de aardappels en snij ze in blokjes van 1 cm. Hak wortel, prei en bleekselderij in plakjes en de courgette in blokjes. Alle groenten kunnen bij elkaar op een grote hoop. Snij de ui in dunne ringen. Die moet je wel apart houden. Verwarm olijfolie in een grote pan. Fruit de ui een paar minuten op middelhoog vuur. Na 3 minuten de knoflook en de andere groenten erbij doen. Doe er een lepel tomatenpuree bij. Schep alles een paar keer om. Voeg een liter groentebouillon toe, samen met tijm en rozemarijn. Laat de soep 20 minuten zachtjes koken. Na 20 minuten kunnen de doperwten en pastaschelpjes erbij. Laat alles nog 10 minuten zachtjes koken, tot de pasta en de doperwten gaar zijn.

Giet de soep in kommen of diepe borden met wat fijngesneden peterselie of **pistou**, dat is een mengsel van basilicum, knoflook, Parmezaanse kaas en olijfolie. Maak het op dezelfde wijze als basilicumpesto (zie p. 67), maar laat de pijnboompitten weg.

Er zijn trouwens allerlei variaties op minestronesoep mogelijk. Cannelinobonen, witte bonen, kikkererwten, rijst of pastinaak doen het ook goed in deze soep.

voor 4 à 6 personen

200 gram sperziebonen — 1 ui
200 gram doperwten (gedopt) — 1 teentje knoflook, gehakt
200 gram courgette — 50 gram kleine pastaschelpjes
2 wortels — 1 takje rozemarijn
2 tomaten — 4 takjes tijm
2 aardappels — 1 eetlepel tomatenpuree
1 stengel bleekselderij — 1 liter groentebouillon
1 prei — 2 eetlepels olijfolie

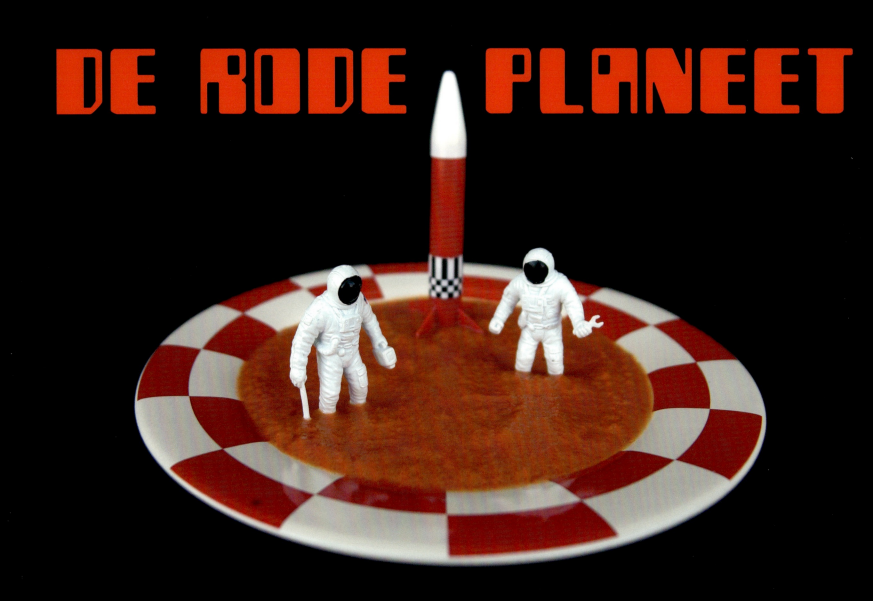

SOEP

Is er water op Mars? Dat willen wetenschappers al eeuwen weten. Het antwoord is: ja en nee. Twee kosmonauten namen onlangs een kijkje. Ze zakten tot hun enkels weg in een warme, rode substantie. De resultaten van hun uitgebreide bodemanalyse vind je hieronder.

maken: 25 minuten
in de oven: 60 minuten

Verwarm de oven voor op 180 graden.
Snij de tomaten in tweeën en verwijder het harde gedeelte van het steeltje. Snij de ui in grove stukken. Kneus de knoflook, bijvoorbeeld met de achterkant van een houten pollepel. Snij de paprika in vieren en verwijder de zaadlijsten. Doe tomaat, paprika, ui en knoflook in een metalen bakblik. Voeg basilicum toe. Sprenkel olijfolie en balsamico over de groente.
Maal er versgemalen peper en zout over.

Schep alles om en zet de groenten 60 minuten in het midden van de oven. Door de tomaten en paprika's langzaam in de oven te stoven, krijgt de soep extra veel smaak.
Haal de geroosterde groenten uit de oven. Verwijder de gekneusde knoflooktenen. Doe de rest in een pan en pureer met een staafmixer. Schep de soep in kommen of diepe borden. Eventueel garneren met basilicum, hoewel ze dat op Mars nooit doen.

voor 4 à 6 personen

**2 kilo tomaten
2 rode uien
4 tenen knoflook
4 rode puntpaprika's
4 eetlepels basilicum, fijngesneden
4 eetlepels olijfolie
1 eetlepel balsamico azijn**

Ga naar de G van Groente

ENBRIJ

Geiten zijn dieren met een eigen wil. Die wil is simpel: ik wil eten. Laat ze nooit los in je tuin lopen. Ze eten eerst al je bloemen op, dan je planten, je tuinhandschoenen, je hek en je fiets. Er zit maar één ding op: zet ze op een eiland. Zwemmen kunnen ze niet. Vergeet ze niet te melken, want behalve een eigen wil, hebben geiten ook een eigen kaas. Die toevallig prima bij dit eigenwijze soepje past.

maken: 15 minuten
koken: 25 minuten

Verwarm olijfolie in een pan met dikke bodem en fruit de ui op middelhoog vuur. Snij de courgette in plakjes en vervolgens in partjes. Doe samen met de knoflook in de pan. Schep het ui-knoflook-courgettemengsel op een laag vuurtje een paar minuten om. Zet het vuur hoog en blus met witte wijn. Geen zorgen de alcohol verdampt. Voeg bouillon en basilicum toe. Laat 15 minuten zachtjes koken.

Haal basilicum en knoflook uit de soep. Roer er een lepel honing door. Zet het vuur uit. Schep de soep in kommen of diepe borden. Sprenkel wat olijfolie over geroosterd stokbrood (5 minuten in een voorverwarmde oven op 200 graden) en leg het stokbrood in de soep. Bestrooi de soep aan tafel met harde geitenkaas. Of een beetje pecorino, als je geen geit hebt maar wel een schaap.

voor 4 à 6 personen

4 kleine courgettes (ongeveer 800 gram)
1 ui, in dunne ringen
2 teentjes knoflook, gekneusd
1 eetlepel honing
½ deciliter witte wijn
1 bosje basilicum
1 liter groentebouillon
4 eetlepels harde geitenkaas of pecorino
4 stukjes geroosterd stokbrood of ciabatta
2 eetlepels olijfolie

Camouflagesoep is ideaal voor het leger. Ten eerste geeft deze soep ongekende kracht. Ten tweede heeft-ie zo'n beetje dezelfde kleur als jouw soldaten. Dus de vijand ziet niet dat ze supersoep eten. Daarna hak je iedereen in de pan. Slim!

maken: 20 minuten
koken: 40 minuten

Puy-linzen zijn kleine, kraalachtige linzen die een beetje groen gemarmerd zijn. De linzen behouden tijdens het koken hun vorm. Ze zijn te koop bij sommige supermarkten en bij de biowinkel.

Verwarm olijfolie in een pan met dikke bodem en bak de ui 2 minuten op middelhoog vuur. Voeg knoflook en in ringen gesneden prei toe (alleen het witte gedeelte). Dan kunnen de gewassen linzen in de pan. Schep ze om, tot ze glanzen van de olie. Schil de aardappels en snij in blokjes van 1 cm. Doe de blokjes aardappel, tijm, rozemarijn, 1,4 liter water en bouillonblokjes erbij. Breng de soep zachtjes aan de kook. Laat 35 à 40 minuten op een laag vuurtje sudderen, tot de linzen gaar zijn. Vis de takjes rozemarijn, tijm en het laurierblad uit de soep. Was de spinazie grondig en hak het blad fijn. Zet het vuur uit. Spinazie erbij, twee minuten laten slinken. Schep de soep in diepe borden of kommen. Besprenkel met wat olijfolie en een kneepje citroen.

maaltijdsoep voor 4 personen

300 gram Puy-linzen
150 gram verse spinazie
2 middelgrote aardappels, in blokjes van 1 cm
1 prei
1 ui, in dunne ringen
2 teentjes knoflook, gehakt
4 takjes tijm
1 takje rozemarijn
1 laurierblad
1,4 liter water
2 blokjes groentebouillon
½ citroen
2 eetlepels olijfolie

Ga naar de V van Vegetarisch

Een heks zonder ketel is als een kok zonder pan. Gelukkig bestaan er pompoenen. Daarmee kook je de sterren van de hemel: zachte, zoete pompoensoep met een paar geheime kruiden erin. Goed linksom roeren met je vliegende bezem. En drie keer 'Peosneopmop' zeggen, natuurlijk.

voor 4 à 6 personen

1 (oranje) pompoen (1 kg / 750 gram vruchtvlees)
1 zoetzure appel, in stukjes
1 rode ui, in dunne ringen
1 teentje knoflook, fijngehakt
1 theelepel gemalen koriander
1 theelepel (milde) paprikapoeder
1 cm gember, fijngeraspt,
of 1 theelepel gemberpoeder

1 liter groentebouillon
2 eetlepels olijfolie

garnering:
1 eetlepel koriander, fijngesneden
2 bosuitjes, fijngesneden

maken: 20 minuten
koken: 25 minuten

Een pompoen heeft een dikke schil. Met een mes doorsnijden is heksenwerk. Voor je het weet mis je een duim. Gelukkig is er een leuke oplossing. Roep de hulp in van een kind en zoek een plek met een harde ondergrond. Gang, stoep, binnenplaats, het maakt niet uit. Laat de pompoen met enige kracht op de grond stuiteren en spontaan in tweeën splijten. Het zwaarste werk zit er al weer op! Verwijder de zaden. En snij het vruchtvlees in blokken van 2 à 3 cm. Als je een biologische pompoen hebt, hoef je 'm niet te schillen. Alles wordt zacht tijdens het koken, dus ook de schil. Verwarm olijfolie in een pan met dikke bodem. Fruit de ui. Doe knoflook, gember, paprikapoeder en gemalen koriander erbij.

Voeg de pompoen toe en schep alles om. Met de bouillon 20 minuten zachtjes laten koken. Doe er stukjes appel bij en nog eens 5 minuten op het vuur. Pureer met een staafmixer. Voor de liefhebbers wat korianderblad en/of bosui op tafel zetten.

PS: In plaats van appel kun je ook versgeperst sinaasappelsap gebruiken (1 deciliter). Of je laat een scheut sherry en een stuk citroengras meekoken.

Kluiten

gooi

De mooiste gevechten trek je uit de klei. Een eerlijke kluit naar iemand gooien is leuk. Het geeft een hoop troep, nog meer lol en gelukkig geen dooien. Kun je daar ook soep van koken? Ja! Met minikluiten van maïs en adukibonen. Kluitengooi is de lekkerste rotzooi die je kunt eten. Wel na de maaltijd de tafel dweilen.

voor 4 à 6 personen

1 ui, in ringen gesneden
1 teentje knoflook
200 gram adukiboontjes
150 gram geraspte wortel
2 stengels bleekselderij, dungesneden
100 gram maïskorrels
1 dungesneden prei
1 liter groentebouillon
2 eetlepels sojasaus
1 eetlepel gembersiroop
2 eetlepels olijfolie

maken: 20 minuten
kooktijd: 20 minuten
(exclusief 60 à 90 minuten kooktijd voor de adukibonen)

Adukibonen zijn zoete, paarsrode boontjes. Ze komen uit Japan en China en bevatten veel mineralen en vitamine B. Ideaal om in de soep te gooien.

Was de adukibonen en kook ze in ruim water in 1 à 1,5 uur gaar. Je hebt er nauwelijks omkijken naar, maar je moet de adukibonen op tijd op het vuur zetten (om 16.30 als je om 18.00 uur soep wilt eten).

Twintig minuten voor je aan tafel gaat doe je de rest. Verwarm in een andere pan olijfolie. Fruit de ui 2 minuten op middelhoog vuur, daarna de gehakte knoflook, geraspte wortels, bleekselderij en maïskorrels erbij. Schep alles een paar keer om. Dan kunnen de gare, schoongespoelde adukiboontjes erbij. En een liter groentebouillon. Laat alles 15 minuten zachtjes koken. Een beetje water helpt als de soep te dik is. Na 15 minuten gembersiroop, sojasaus en dungesneden prei toevoegen en alles nog 2 minuten zachtjes laten koken.

PS: Kook een stukje kombu mee. Dat is een soort superzeewier boordevol nuttige stoffen als jodium. Het maakt soep gezonder, verfijnder en beter verteerbaar. Kombu is gedroogd te koop bij natuurwinkels en toko's. Gewoon laten meekoken en vlak voor het eten er uit vissen. Simpel!

Ga naar de M van Mineralen

Er was eens een kikker die prinsheerlijk leefde in een warm moeras. Op een dag kwam er een prinses langs, die de kikker wilde zoenen. Dan zou hij veranderen in een prins. 'Nee, dank je', zei de kikker. 'Ik zit hier prima. Maar als ik jou nou eens in een kikker verander?' De prinses aarzelde even, proefde de soep en toen wist ze het zeker. Ze aten en kwaakten nog lang en gelukkig.

erwtensoep

maken: 15 minuten
koken: 25 minuten

voor 4 à 6 personen

Verwarm olijfolie in een pan met dikke bodem. Smoor ui en prei een paar minuten, tot alles zacht is. Knoflook en specerijen erbij. Roer een paar keer om tot alles lekker gaat geuren. Doe de tomaten en kikkererwten er nu bij en schep alles om. Giet ¾ liter bouillon in de pan en laat de soep 15 minuten zachtjes koken. Om een zachte soep met een stevige beet te krijgen, kun je de helft van de soep pureren met een staafmixer. Doe het gepureerde gedeelte terug in de pan bij de rest van de soep. Wil je het wat dunner, dan doe je er wat van de overgebleven bouillon bij. Voeg citroensap naar smaak toe en roer alles goed door. Serveer de soep in diepe borden of kommen. Versgemalen zwarte peper erbij kan lekker zijn.

500 gram kikkererwten (blik of pot)
400 gram gepelde tomaten (blik)
1 prei, in dunne ringen (alleen het witte gedeelte)
1 ui, in dunne ringen
2 teentjes knoflook, fijngehakt
1 eetlepel tomatenpuree
1 theelepel kurkuma
1 theelepel gemberpoeder
1 theelepel gemalen komijn
½ theelepel kaneel
½ citroen
1 liter groentebouillon
2 eetlepels olijfolie

Ga naar de V van Vezels

Spaghetti is uitgevonden door twee sterke Romeinen die honger hadden na het sporten. Ze vochten om het laatste stuk tarwedeeg. Het deeg rekte uit – heel ver uit – tot een raar dun draadje.
Daar stonden ze dan, twee grote kerels met 's werelds eerste spaghettisliert. Nadat ze uitgelachen waren, kookten ze het 'al dente'. Dat betekent dat je er lekker in kunt bijten. Want slappe spaghetti, daar houden sterke mannen niet van.

Wie lekker wil slingeren, heeft lange slierten nodig. Lianen in het oerwoud, gymzaaltouwen of slingerpasta. Het is ten strengste verboden deze pasta in keurige korte sliertjes te snijden. Behalve slingeren is naar binnen slurpen ook toegestaan. Je gezicht, de tafel en je buurman mogen best een beetje vies worden. Als je maar lol hebt. En lekker eet.

maken: 30 minuten

Gooi de doperwten in kokend water - 3 à 4 minuten - en giet ze af. Verwarm olie en roomboter in een koekenpan en fruit de knoflook. Doe er paprikapoeder, in plakjes gesneden champignons en doperwten bij. Schep om en bak een paar minuten op middelhoog vuur. Zet dan het vuur uit.
Kook de pasta beetgaar, giet af en doe de pasta terug in de pan. Pak een kom. Daarin klop je de eidooiers, de room en 50 gram Parmezaanse kaas goed door elkaar. Dat gooi je in de pan bij de pasta. Schep alles door elkaar op laag vuur. Blijf roeren tot de pasta wordt omhuld door een romig laagje. Als laatste doe je het paddenstoelen-doperwtenmengsel erbij.
Verdeel de pasta over de borden. Serveer met peterselie en Parmezaanse kaas. Koop wel echte parmezaan. Zelf boven je bord raspen is altijd feest. Desnoods laat je het door je kaasboer raspen. Zolang je maar niet van die supermarktzakjes met parmazaagsel koopt.

voor 4 personen

250 gram spaghetti
250 gram champignons, zonder steeltjes
350 gram doperwten (gedopt)
1,5 decilter slagroom
2 eidooiers
1 teentje knoflook, fijngehakt
1 theelepel paprikapoeder
2 eetlepels bladpeterselie, fijngesneden
100 gram Parmezaanse kaas, geraspt
1 eetlepel roomboter
2 eetlepels olijfolie

SPAGHETTI

Als het buiten heel warm is, wil jij het liefst iets kouds eten. En je vader of moeder wil niet te lang in de keuken staan. Dat los je op met een koud kunstje. Pak een zwarte olijf, zet hem op je neus en wijs op dit recept.

kunstje

maken: 20 minuten

Halveer de tomaatjes en de olijven. Schil de komkommer. Of schil 'm juist niet, want zo'n schil kan ook erg lekker zijn. Halveer de komkommer. Verwijder de zaadlijsten en hak de komkommerhelften in kleine stukjes. Doe de maïs in een vergiet en spoel af onder koud stromend water.

Kook de pasta in ruim kokend (bouillon)water beetgaar. Eén of twee minuutjes korter koken dan op de verpakking staat, zorgt voor een beetgaar resultaat.

Doe de pasta samen met de tomaatjes, olijven, komkommer en maïs in een grote schaal. Voeg een scheutje olijfolie en een snufje zout toe. Schep alles om. Koud kunstje toch?

voor 4 personen

150 gram maïs (potje)
30 kerstomaatjes
15 zwarte olijven, zonder pit
15 groene olijven, zonder pit
1 komkommer
250 gram pasta
1 groentebouillonblokje

Voor een volwassen accent serveer je de salade met een

mosterd-bieslook dressing

20 sprietjes bieslook
1 teentje knoflook, geperst
1 theelepel grove mosterd
6 eetlepels olijfolie
1 eetlepel citroensap

Doe olijfolie, citroensap, bieslook, knoflook en mosterd in een kom. Klop tot een 'dikke' dressing. Doe er nog wat versgemalen peper en zeezout bij.

PESTO

Om de geheime kracht van kruiden aan te kunnen, moet je eerst je eigen angsten overwinnen. Als Indianen een krokodil onder de knie kunnen krijgen, zijn ze er klaar voor. Je kunt ook meteen de PowerPesto proberen. Vind je het lekker, dan mag je het gevecht overslaan.

PowerPesto kun je een week in de ijskast bewaren. Giet er een laagje olijfolie op. Dan blijft de pesto mooi groen en fris.

Basilicum PowerPesto

1 bos basilicum (60 gram)
50 gram geraspte Parmezaanse kaas of pecorino
50 gram pijnboompitten, licht geroosterd
½ teentje knoflook, geperst
½ theelepel versgemalen zout
1 kneepje citroensap
1,25 deciliter olijfolie

De basilicum wassen en de steeltjes verwijderen. Samen met de knoflook, pijnboompitten en Parmezaanse kaas in de keukenmachine fijnmalen. Langzaam olijfolie erbij, malen tot alles gebonden is. Doe er een kneepje citroensap en versgemalen zout bij.

Koriander PowerPesto

1 bos koriander (60 gram)
50 gram geschaafde amandelen, licht geroosterd
50 gram Parmezaanse kaas, geraspt
½ teentje knoflook, geperst
½ theelepel versgemalen zout
1 kneepje citroensap
1,25 deciliter olijfolie

Was de koriander en verwijder de steeltjes. Meng de koriander met de knoflook, amandelen en Parmezaans kaas in de keukenmachine. Olijfolie erbij gieten, malen tot alles gebonden is. Kneepje citroensap en wat versgemalen zout: klaar!

Rucola PowerPesto

1 flinke hand rucola (30 gram)
1 bosje basilicum (30 gram blaadjes)
75 gram walnoten
50 gram Parmezaanse kaas, versgeraspt
1 teentje knoflook, geperst
½ theelepel versgemalen zout
1 kneepje citroen
1,25 deciliter olijfolie

Was rucola en basilicum. Verwijder steeltjes van de basilicum. Meng rucola en basilicum met de knoflook, walnoten en Parmezaans kaas in de keukenmachine. Langzaam olijfolie erbij, malen tot het gebonden is. Beetje citroensap en versgemalen zout erbij.

DOE - HET - ZELF

PASTA

Maak van je bord een werkplaats. Jij bent er de baas. Ontwerp een stevig pastamaal, precies zoals jij dat wilt. Met jouw favoriete kleuren, vormen en smaken. Mix, plak en prak je eigen pastaproject. Grote kans dat het een gezellige bende wordt, maar daar zie je bijna niks meer van als je alles op hebt gegeten.

maken: 30 minuten

Laat de tomaten uitlekken in een vergiet en snij ze in grove stukken. Snij de ui in ringen en bak een paar minuten in olijfolie op middelhoog vuur. Snij de bleekselderij in dunne reepjes, rasp de wortel en plet de knoflook. Alles bij de uien in de pan doen en even omscheppen. Daarna de tomaten en tomatenpuree erbij en nog een half kopje water in de pan schenken. Breng alles aan de kook en laat 20 minuten op een laag pitje sudderen en indikken. Pureer met een staafmixer tot een gladde saus.

Terwijl de tomatensaus indikt, werk je aan de losse 'onderdelen'. Kook of stoom verschillende groenten, rasp de wortel, bak de courgette, enzovoort. En kook de pasta beetgaar.

Doe alles in bakjes en zet op tafel, samen met de pasta en de tomatensaus. Iedereen maakt zijn eigen Doe-Het-Zelf-Pasta. De regels zijn simpel: minimaal 4 eetlepels groente op je bord scheppen. Meer mag. Eten met handen en voeten is toegestaan. Keet Smakelijk!

voor 4 personen

2 blikken gepelde tomaten (800 gram)
1 ui
1 wortel
2 teentjes knoflook
1 eetlepel tomatenpuree
2 eetlepels olijfolie

losse onderdelen, zoals

sperziebonen
doperwten
maïs
wortel
olijven
geitenkaas
Parmezaanse kaas
feta
courgette
artisjokharten
gestoomde groenten, zoals broccoli, bloemkool, peultjes

Ga naar de V van Voorraadkast

PASTA

Een pow-wow is een festival van Indianen. Er wordt gedanst en gezongen. En natuurlijk krijgen de gasten goed te eten. Met een tomahawk worden duizenden walnoten doormidden gehakt, geen gemakkelijk karweitje. Sommige Indianen hebben er zelfs hun naam aan te danken: Krakend Hert, Lamme Hand en Gebroken Vuist. Als de laatste noot gebroken is, wordt de strijdbijl begraven en kan het feest beginnen.

maken: 15 minuten
(exclusief rucolapesto maken)

Rooster de walnoten lichtjes in een droge koekenpan en hak ze in stukken. Snij de courgettes in kleine blokjes. Verhit olijfolie in een koekenpan en bak de courgetteblokjes in een paar minuten goudbruin op middelhoog vuur.

Kook ondertussen de pasta in licht gezouten water beetgaar. Giet de pasta af en doe er gebakken courgette en rucola PowerPesto bij. Meng voorzichtig.

Verdeel de pasta over vier borden. Garneer met geroosterde walnoten en peterselie. Strooi er aan tafel wat geraspte, oude kaas over.

voor 4 personen

50 gram walnoten
2 eetlepels rucola PowerPesto (zie p. 67)
2 à 3 kleine courgettes (350 gram)
2 eetlepels bladpeterselie, fijngesneden
100 gram oude boerenkaas
250 gram pasta
2 eetlepels olijfolie

Ga naar de O van Omega-3

en kool

voor 4 personen

300 à 400 gram boerenkoolbladeren
1 paprika (groen, rood of geel)
1 ui
1 teentje knoflook
1 eetlepel sojasaus
1 theelepel kerrie
1 theelepel bouillonpoeder
0,5 deciliter room
2 eetlepels zonnebloempitten, licht geroosterd
100 gram oude boerenkaas, grof geraspt
2 eetlepels olijfolie
300 gram spirelli

'Dat heb ik weer', zucht de Italiaanse boer met de hond tegen z'n Hollandse schoonzoon. 'Waarom moet m'n enige dochter nou met een Hollander trouwen? Zij houdt van pasta, jij van boerenkool. Als dat maar goed komt.' De schoonzoon moet stiekem lachen. 'Kom nou maar gewoon bij ons eten, vanavond.'

maken: 30 minuten

Voorgesneden boerenkool is makkelijk en snel, maar smaakt meestal muf omdat de kool vaak meerdere dagen in een plastic zak zit. Zelf snijden dus. Verwijder de harde, middelste nerven uit het blad en snij de rest zo fijn mogelijk.

Zet een grote pan met water op. Doe de boerenkool erbij als het water kookt. Na 3 à 4 minuten afgieten en de kool goed laten uitlekken in een vergiet. Snij de ui in dunne ringen, hak de knoflook en fruit 2 minuten in olijfolie op middelhoog vuur. Verwijder zaadlijsten uit de paprika en hak 'm in kleine stukjes. Doe stukjes paprika en kerrie bij het ui-knoflookmengsel. Roer en bak 2 minuten. Voeg gekookte boerenkool, sojasaus en bouillonpoeder toe. Schep goed om en laat een paar minuten sudderen op middelhoog vuur. Doe de room erbij en laat even doorwarmen.

Kook in de tussentijd de pasta beetgaar. Meng de pasta door het boerenkoolmengsel en verdeel over 4 borden. Strooi er nog wat geroosterde zonnebloempitten en geraspte kaas over.

PS: Je kunt de paprika vervangen door fijngesneden zongedroogde tomaatjes. De oude kaas kan ook gebrokkelde roquefort zijn – apart houden als je kinderen het niet lekker vinden.

Misschien zijn ze niet moeders mooiste. Ze zijn knoestig en je moet ze uit de klei trekken. Ze hebben geen mooi velletje. Maar er zit wel veel goeds in hun schil - en eronder. De Spanjaarden namen ze mee uit Zuid-Amerika. Eigenlijk is een aardappel veel exotischer dan een slak, kikkerbil of kokosnoot. Dat is aardig om te weten. En aardig om te eten.

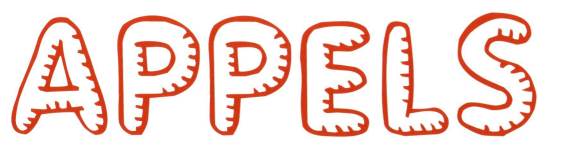

BAKKEN MET

GOUDKLOMPJES

Goudklompjes werden eeuwenlang door Belgische mijnwerkers gegeten, toen de frituur nog niet was uitgevonden. Soms lieten ze de aardappels te lang in de oven staan. Dat noemden ze dan Het Zwarte Goud.

maken: 20 minuten
in de oven: 45 minuten

Verwarm de oven voor op 180 graden. Boen de aardappels schoon onder koud stromend water met een borsteltje of schone schuurspons. Laat ze 8 minuten koken in licht gezouten water. Afgieten en laten uitdampen in een vergiet, tot je ze beet kunt pakken. Ondertussen een keer husselen, daar worden ze extra knaperig van. Waarom weten we ook niet, maar het werkt wel.

Snij de aardappels in gelijkmatige partjes. Doe ze in een bakblik en schep er olijfolie door. Kneus de knoflooktenen, bijvoorbeeld met de achterkant van een houten lepel. Leg de knoflook samen met de takjes rozemarijn tussen de aardappels. Laat alles 40 à 50 minuten in de oven roosteren. Tussendoor een keer omscheppen. Test met de punt van een mes of satéprikker of de aardappels gaar zijn.

In de tussentijd maak je **mayonaise:**
Meng in een kom de eidooier met mosterd, zout en azijn. Klop alles door elkaar met een garde of staafmixer. Daarna de olie druppel voor druppel toevoegen en braaf blijven kloppen tot een mooi dik mengsel. Doe in dunne straaltjes de rest van de olie erbij, terwijl je nog steeds klopt. Als de mayonaise te dik wordt, kun je 'm met een klein beetje warm water weer verdunnen.

bijgerecht voor 4 personen

1 kilo middelgrote, vastkokende aardappels
4 takjes rozemarijn
6 tenen knoflook
2 eetlepels olijfolie

mayonaise

1 eidooier
1 theelepel dijonmosterd
½ theelepel zout
1 eetlepel witte wijnazijn
2 deciliter zonnebloemolie

Wat drinken vissen? Thee! Want water is om in te zwemmen. De volgende vraag is natuurlijk: wat zit er in hun koektrommel? We hebben jaren lopen hengelen en het recept eindelijk gevangen. Ook lekker op het droge.

Koekje erbij?

maken: 25 minuten
in de oven: 10 à 15 minuten

Schrob de aardappels schoon en kook ze gaar in de schil. Die zorgt ervoor dat de vitaminen bewaard blijven en de smaak niet in het kookwater verdwijnt. Giet de aardappels af en laat ze afkoelen in een vergiet. Tot slot nog even de schil verwijderen.
Terwijl de aardappels koken, wrijf je de vis in met zout. Vul een grote pan met een bodempje water en verwarm hierin de boter. Verwarm tot het water kookt en zet het vuur dan lager. Leg de vis in de pan, doe de deksel er op en pocheer een paar minuten op laag vuur. Controleer met een vork: als de vis glazig is en het vlees makkelijk wijkt, is-ie gaar. Haal 'm dan uit de pan, even laten uitlekken en maak er met de vork vlokken van.
Verwarm de oven voor op 180 graden.
Prak de aardappels met een stamper of vork. Doe de visvlokken, korianderblaadjes, bosuitjes, eidooier en citroensap erbij. Meng voorzichtig en breng verder op smaak met zout.
Maak bolletjes van de vispuree met behulp van twee lepels. Druk ze een beetje plat en haal ze door het paneermeel. Bak de viskoekjes 1 minuut aan beide kanten in wat olijfolie in een koekenpan met anti-aanbaklaag. Hevel ze over naar een bakblik en bak ze 10 à 15 minuten in de oven.
Viskoekjes zijn lekker met gekookte sperzieboontjes en een salade van radijs, groene paprika en een knapperige slasoort.

voor 20 viskoekjes

400 gram kruimige aardappels
300 gram koolvisfilet
2 bosuitjes, ragfijn gesneden
2 eetlepels korianderblaadjes, fijngesneden
1 eetlepel citroensap
1 eidooier
1 eetlepel roomboter
3 eetlepels olijfolie
paneermeel, van 4 beschuiten

De bedoeling is dat je geen brokken maakt. Dat lukt meestal wel, zolang je maar niet denkt dat je beter vliegt dan een vogel. In sommige gevallen moet je juist wel brokken maken. Met deze salade, bijvoorbeeld. Die kun je zonder brokken maken, maar met brokken is-ie pas echt geslaagd.

PILOOT

maaltijdsalade voor 4 personen

5 ons kleine aardappels of krieltjes
1 krop friseesla of 2 little gems
4 bospeentjes
2 ons haricots verts
12 kwarteleitjes, gekookt
12 kerstomaatjes
4 sneetjes (oud) lichtbruin brood

dressing

2 eetlepels mayonaise (zie p. 77)
2 eetlepels yoghurt
1 theelepel ketchup
1 theelepel honing
½ theelepel zout
kneepje citroensap

maken: 35 minuten

Schrob de aardappels schoon onder koud stromend water en kook ze gaar. Giet de aardappels af en laat afkoelen. Verwijder de schil en maak er brokken van.
Top de haricots verts en blancheer ze 5 à 7 minuten in lichtgezouten water, tot ze heldergroen en knapperig zijn. Snij de peentjes in plakjes - ongeveer een halve centimeter - en laat ze de laatste 2 minuten meekoken met de haricots verts. Stort de groente in een vergiet en laat kort schrikken onder koud stromend water. In plaats van haricots verts kun je overigens ook sperziebonen of doperwtjes voor deze salade gebruiken.
Verwarm de oven voor op 200 C en maak croutons (zie p. 45).

Was de sla en slinger 'm droog in de slacentrifuge. Verdeel de slabladjes over een grote platte schaal. Doe de aardappelbrokken, haricots verts, peentjes en gehalveerde tomaatjes erbij. Klop alle ingrediënten voor de dressing in een kom en meng door de salade. Garneer de salade met gehalveerde kwarteleitjes. Strooi er croutons of geroosterde pompoenpitten over.

Ga naar de G van Groente

Als er geen haai in de baai is, maar wel een vis, kun jij je tanden er in zetten. En als er geen vis in de baai is en wel een haai? Oppassen, want voor je het weet zet die haai z'n tanden in jou! Het leven is eten en gegeten worden, dus in deze haaibaai is het nooit saai.

maken: 25 minuten
in de oven: 25 minuten

Verwarm de oven voor op 190 graden.
Schil de aardappels en kook ze in 10 minuten halfgaar. Giet af en laat uitdampen.
Ontvel de tomaten. Kerf ze kruislings in en dompel ze 20 seconden onder in kokend water. Laat ze een beetje afkoelen en verwijder de schil en de pitjes. Snij het vruchtvlees in kleine blokjes.
Snij de paprika in kleine stukjes en de ui in ringen. Bak paprika en ui met fijngehakte knoflook en tomatenblokjes in 2 eetlepels olijfolie. Doe de er na 3 minuten tijm bij en laat het mengsel nog 2 minuten sudderen.
Vet een ovenschaal in met roomboter. Wrijf de vis in met zout en snij er vier gelijke stukken van. Leg de vis in de ovenschaal en bedek 'm met het paprika-tomatenmengsel en doe er kappertjes over.

Snij de aardappels in dobbelsteentjes van 1 cm en verdeel ze over de vis en groente. Strooi geraspte kaas over het geheel en sprenkel er wat olijfolie over. Schuif de schaal in het midden van de oven en bak 20 à 25 minuten. Versieren met verse peterselie.

voor 4 personen

500 gram vastkokende aardappels
500 gram kabeljauwfilet
500 gram tomaten
1 gele paprika
1 ui
2 knoflookteentjes
2 eetlepels kappertjes
2 takjes tijm
2 eetlepels bladpeterselie, fijngesneden
3 eetlepels olijfolie
1 eetlepel roomboter
100 gram belegen kaas, geraspt

Ga naar de V van Vis

MAKEN

Vroeger vonden Nederlanders met mes en vork eten heel lastig. Koken was ook al zo'n gedoe. Daarom was stamppot heel populair. Gewoon wat groente door de aardappels stampen: klaar was de vrouw van boer Kees. Elleboog op tafel en naar binnen scheppen maar. Het gaat alleen een beetje vervelen op den duur. Breng snel nieuw leven in de stampij. Met een Drakengrot, IJsbeer met Ei of Rucolabergen aan Zee.

aan Zee

Wie denkt dat de zee altijd blauwgroen is en dat alle duinen van zand zijn, moet nodig eens met vakantie. Ontdek dat de wereld vol wonderen zit. Reis naar het stille strand van Rucolabergen aan Zee. Zak lekker weg in de zachte duinen van puree. Of zwem met de dolfijnen mee, in de warme roze zee.

maken: 40 minuten
koken / in de oven: 15 minuten

Met een beetje kunst- en vliegwerk krijg je alles tegelijkertijd (en warm) op tafel. Terwijl de aardappels koken, maak je de pesto voor de bergen en kan de vis garen. Zet de aardappels op en verwarm de oven voor op 190 graden. Dan maak je de rucolapesto voor de 'bergen'. Was en snij de rucola. Meng de rucola in de keukenmachine met de knoflook, pijnboompitten en Parmezaanse kaas. Schenk een dun straaltje olijfolie erbij, zodat er een mooi pestomengsel ontstaat.

Dan is de 'zee' aan de beurt. Wrijf de zalm in met zout. Verwarm wat boter of olijfolie in een koekenpan met anti-aanbaklaag en bak de zalm een halve minuut aan beide kanten. Scheur vier stukken aluminiumfolie van ongeveer 50 cm af. Vouw dubbel en leg op ieder stuk folie een klontje boter, drie bosuitjes en een halve eetlepel sinaasappelrasp. Leg de kort gebakken zalmmoten er op en vouw het aluminiumfolie dicht, zodat er kleine pakketjes ontstaan. Doe ze in een bakblik en zet dat ongeveer 15 minuten in het midden van de oven.

Giet de aardappels af, maar bewaar een half kopje van het kookvocht. Pureer de aardappels. Roer het rucolamengsel door de puree, samen met twee eetlepels van het kookvocht en een klontje boter. Met peper en zout op smaak brengen. Doe er eventueel wat extra kookvocht bij als de puree wat droog lijkt. Schep de puree in een spuitzak met kartelrand. Spuit twee of drie bergjes op elk bord.
Check met een satéprikker of de zalm al voldoende gaar is. Serveren met een knapperige salade (zie p. 117). Die moet je dan als eerste maken.

voor 4 personen

rucolapuree

500 gram aardappels
200 gram rucola
1 teentje knoflook, geperst
50 gram pijnboompitten
50 gram Parmezaanse kaas
0,5 deciliter olijfolie
2 eetlepels kookvocht
1 eetlepel boter

wilde zalm uit de oven

4 moten zalm
2 eetlepels (biologische) sinaasappelrasp
12 bosuitjes
4 eetlepels olijfolie
4 klontjes boter

Ga naar de V van Vis

GROTTEN

In het Westen moeten ridders met draken vechten, maar in het Oosten brengen draken geluk. Soms brengen ze per ongeluk ongeluk, door hun vurige adem. Dan gaat de hele boel in de hens. Daarom wonen draken vaak in een grot van vuurvaste steen.
In dit traditionele geluksgerecht staat zo'n drakengrot. Niet van steen, maar van oesterzwammen.

maken: 35 minuten
koken: 25 minuten

Kook de aardappels gaar in 20 à 25 minuten. Bataten hebben een kortere kooktijd. Doe ze na 7 minuten bij de aardappels. Giet af, maar bewaar een half kopje van het kookvocht. Stamp de aardappels en bataten.
Terwijl de aardappels koken: verwarm olijfolie in een koekenpan. Snij de ui in flinterdunne schijfjes en stoof 20 minuten op laag vuur. Door het langzame stoofproces worden de uien extra zoet. De laatste twee minuten kan de geraspte gemberwortel erbij. Of gebruik 1 theelepel gemberpoeder.
Was de paksoi en snij in superdunne plakjes. Met een keukenmachine is het heel eenvoudig. Dun snijden levert een fijne structuur op en zorgt ervoor dat er veel smaak vrij komt. Hoe dunner de paksoi, hoe lekkerder de stamppot.
Meng gestoofde ui en rauwe paksoi door de aardappelpuree. Geef de stamppot extra smeuïgheid door een scheutje bouillon of kookvocht toe te voegen. Op smaak brengen met peper en zout.

Maak de drakengrotten. De voorbereidingen tref je tijdens het koken van de aardappels en het bakken van de uien.
Kluts in een kommetje het ei met de sojasaus en 1 eetlepel olijfolie. Doe in een tweede kommetje wat meel en in een derde kommetje de sesamzaadjes. Haal de oesterzwammen eerst door het meel, dan door het soja-eimengsel en wentel ze daarna door het bakje met sesamzaad. Vlak voordat je de stamppot opdient, bak je de drakengrotten. Neem een pan met anti-aanbaklaag, een beetje olijfolie en bak ze aan beide kanten in 2 minuten lichtbruin.

voor 4 personen

stampij

500 gram aardappelen
300 gram (oranje) bataat
500 gram paksoi (1 stronk)
1 ui
1 cm verse gember, geraspt
0,5 deciliter bouillon
2 eetlepels olijfolie

drakengrotten

8 middelgrote oesterzwammen
2 eetlepels lichte sojasaus
1 ei, losgeklopt
100 gram sesamzaadjes
100 gram meel of bloem
50 gram alfalfa
3 bosuitjes
4 eetlepels olijfolie

Ga naar de L van Lus ik nie...

MET EI

Een ijsbeer eet vis. Vis als ontbijt, vis voor de lunch en 's avonds... nog een keer vis. Met een diepvriesvisje toe. Een pinguïn kreeg medelijden en zei: 'Hier, eet eens iets anders. Stamppot ijsbergsla, met gebakken ei!' De ijsbeer vond het heerlijk. Hij keek verbaasd naar de pinguïn. 'Weet je wat ik helemaal niet mis?' 'Mis!' lachte de pinguïn. 'Tussen de aardappels zit ansjovis!'

voor 4 personen

800 gram aardappels
½ krop ijsbergsla (300 gram)
2 à 3 sjalotjes
1 theelepel gedroogde oregano
2 eetlepels bladpeterselie, fijngesneden
4 deciliter groentebouillon
5 eetlepels olijfolie
2 ansjovisjes (blikje of potje)
4 eetlepels olijfolie

maken: 20 minuten
koken: 25 minuten

Schil de aardappelen en snij ze in blokjes van 1 cm. Verhit 2 eetlepels olijfolie in een pan met dikke bodem en voeg de aardappels toe. Schep een paar keer om, zodat alle blokjes glanzen van de olie. Dat geeft extra smaak. Bouillon erbij doen en de aardappelblokjes in 15 à 20 minuten gaar koken.
Snij de sjalotjes in dunne ringen. Bak ze 3 minuten in 2 eetlepels olijfolie. Zet het vuur uit. Wrijf de ansjovis fijn in een bakje (met de achterkant van een lepel). Schep oregano en peterselie, samen met de fijngewreven ansjovis, door de sjalotjes. Het gekke is dat de stamppot straks niet naar vis gaat smaken, maar wel pittiger wordt. Vegetarische ijsberen doen het natuurlijk zonder vis.
Was de ijsbergsla en slinger droog in een slacentrifuge. Snij de sla in dunne reepjes, die je weer in stukjes snijdt.

Giet de aardappels af, maar bewaar een half kopje van het kookvocht. Stamp de aardappelblokjes. Meng het sjalottenmengsel en de ijsbergsla door de puree. Maak de stamppot wat smeuïger met een scheutje van het kookvocht of een klont roomboter. Peper of zout mag iedereen er zelf bij doen.

In plaats van ijsbergsla kun je ook rauwe andijvie, postelein of raapsteeltjes gebruiken.

Ga naar de E van Ei

MEE?

Bij rijst denken de meeste mensen aan het Oosten. Dus we vliegen naar een Japanse sushifabriek en een Indonesische pindavulkaan.

Onderweg krijg je een gevaarlijk lekker Thais hapje. Je kunt natuurlijk ook op rijst naar andere windrichtingen. In Mexico eten ze rijst in de woestijn. In Spanje stoppen ze het in een aantrekkelijke verpakking. En in Italië doen ze er drakenstaarten bij.

Tot slot proeven we onweerstaanbare Marokkaanse rijst. Okee, die heet couscous en is gemaakt van tarwe. Maar een kniesoor die daar op let.

Een ridder die geen draak heeft verslagen, telt niet mee. Een draak verslaan is niet makkelijk, maar een draak vinden is nog veel moeilijker. Daarom eten jonge ridders drakenstaarten. Als ze een uurtje later gaan plassen, ruiken ze een heel apart luchtje: onverdunde drakengeur. En wie eenmaal weet hoe een draak ruikt, kan in het bos eerder z'n slag slaan.

staarten

voor 4 personen

250 gram risottorijst
200 gram dunne, groene asperges
2 sjalotjes
100 gram Parmezaanse kaas, geraspt
0,75 deciliter witte wijn of 1 citroen

2 eetlepels bladpeterselie, fijngesneden
2 eetlepels bieslook, fijngesneden
1 liter kippen- of groentebouillon
1 eetlepel roomboter
2 eetlepels olijfolie

maken: 40 minuten

Breng de bouillon aan de kook en hou warm op een laag vuurtje. Doe boter en olijfolie in een grote pan met een dikke bodem. Snij de sjalotten in dunne ringen. Bak ze op middelhoog vuur in een paar minuten glazig. Voeg de rijst toe en roer goed om met een houten lepel, zodat alle rijstkorrels glanzen van de olie.
Giet witte wijn in de pan. Geen zorgen, de alcohol verdampt. Je kunt ook citroensap in plaats van wijn gebruiken. Roer de rijst een paar keer om, tot het vocht is opgenomen. Voeg met een soeplepel hete bouillon toe, tot de rijst net onder staat. Blijf regelmatig roeren. Wacht tot het vocht is opgenomen en voeg dan opnieuw bouillon toe. Dit herhaal je een aantal keer, tot de rijst gaar is. Het duurt 20 à 25 minuten. Tot de risotto een romige structuur heeft.
Verwijder houtige uiteinden van de asperges (niet de kopjes!)

Kies 8 mooie drakenstaarten om straks vier bordjes mee te versieren. Leg deze 8 asperges 1 à 2 minuten in kokend water. Snij de rest van de asperges in flinterdunne plakjes. Met de keukenmachine of met een scherp mes.
Meng asperges, peterselie, bieslook en de helft van de Parmezaanse kaas door de risotto. Verwarm alles nog 2 à 3 minuten. De aspergeplakjes zullen door de warmte voldoende garen, maar ook een goede beet houden. Voeg een klont boter toe voor een romiger resultaat. Roer er nog wat bouillon door als de risotto te veel is ingedikt. Verdeel de risotto over de borden en versier met drakenstaarten. Serveer met Parmezaanse kaas.
Deze risotto is lekker met **portobella's**. Snij deze paddenstoelen in plakjes en bak ze snel met verse tijm en gehakte knoflook in wat olijfolie goudbruin. Peper en zout naar smaak toevoegen.

gevaarlijk lekker

thais hapje

Thaise katten zijn gek op gevulde toekan. Hoe langer ze wachten, hoe gevulder die wordt - en hoe minder snel zo'n toekan weg kan vliegen. Op een onbewaakt moment grijpen de katten hun toekans. Die zijn natuurlijk ook niet gek; ze zien zo'n kat al lang zitten en vliegen bijna altijd op tijd weg.

maken: 35 minuten

Maak eerst het specerijenmengsel. Snij de tomaat in vieren, verwijder de harde gedeelten en pitjes. Doe de tomaat met alle andere ingrediënten in de kleine mengkom van de keukenmachine. Pureer tot alles goed is gemengd. Verhit olijfolie in een grote pan en bak het specerijenmengsel twee minuten.
Schil aardappels, bataat en wortels. Snij alles in gelijkmatige parten van 1 à 2 cm en meng die met het specerijenmengsel in de pan. Schenk de bouillon erbij. Breng aan de kook en laat 15 minuten op een middelmatig vuur sudderen. Roer af en toe. Kook ondertussen in een aparte pan de rijst gaar.
Doe na 15 minuten de bloemkoolroosjes en doperwten bij de curry. Laat alles nog 10 à 15 minuten zachtjes koken. Voeg de yoghurt bij het currymengsel. Zorg dat het helemaal warm wordt, maar let erop dat de curry niet meer kookt.
Verdeel rijst over de borden en schep de curry op. Geef er een hardgekookt eitje bij en garneer met licht geroosterde amandelen en verse koriander.

voor 4 personen

3 middelgrote wortels (250 gram)
2 middelgrote aardappels (200 gram)
1 grote zoete aardappel (150 gram)
250 gram doperwten (diepvries of vers)
½ bloemkool, in kleine roosjes
4 deciliter groentebouillon
2 deciliter milde yoghurt
300 gram rijst
2 eetlepels olijfolie

specerijenmengsel

2 sjalotten, gesnipperd
1 teentje knoflook, gehakt
1 theelepel korianderpoeder
1 theelepel kurkuma
1 theelepel komijnpoeder
½ theelepel zout
½ theelepel paprikapoeder
½ theelepel cayennepeper
1 cm verse gember, geraspt
2 tomaten

garnering

50 gram geschaafde amandelen
verse koriander

Op de berg Pinda Besar lagen rijstvelden en pindaplantages. Na de oogst werden alle pinda's bewaard in de krater. Op een dag klonk er gerommel. Eerst dachten de mensen dat het hun buik was. Maar het kwam uit de berg, die een vulkaan bleek te zijn. De pinda's smolten tot pindalava en die stroomde over de rijstvelden. Het was een puinhoop, maar wel erg lekker. Een half uur later was de hele berg op.

VULKAAN

maken: 40 minuten

Je hebt een berg afgekoelde rijst nodig, die kun je een dag van tevoren koken. Waarom? Dan blijft de rijst droog tijdens het roerbakken en dat maakt het knapperiger.
Verhit 2 eetlepels olijfolie in een grote wok. Bak knoflook, gember en uien 3 minuten op middelhoog vuur. Doe korianderzaad, citroengras en laos erbij. Schep om, bak nog 2 minuten en zet dan het vuur weer wat hoger. Nu kunnen de prei en de champignons erbij. Ongeveer 5 minuten roerbakken. Tot slot fijngesneden bladselderij, taugé en sojasaus erbij. Schep alles om en zet het vuur uit.
Roer de gekookte en afgekoelde rijst los. Verwarm 2 eetlepels olijfolie in een andere pan. Bak de rijst een paar minuten. Zet het vuur onder de wok weer aan en meng de gebakken rijst door de groente.
Versier de vulkaan met komkommer, omeletreepjes, emping en gefrituurde sjalotjes en dan als klap op de vuurpijl **pindalava**.

voor 4 personen

250 gram gekookte, afgekoelde rijst
250 gram champignons, in vieren
100 gram taugé
1 kleine prei, in dunne ringen
2 uien, gesnipperd
2 teentjes knoflook, geperst
2 takjes verse bladselderij
1 cm verse gember, geraspt
1 theelepel korianderzaad, gemalen
1 theelepel citroengras (poeder)
1 theelepel laos
1 eetlepel sojasaus
4 eetlepels olijfolie
1 zak emping
ei voor omelet

pindalava

200 gram pindakaas
1 eetlepel bruine suiker
1 eetlepel citroensap
1 teentje knoflook
1 theelepel gemberpoeder
1 theelepel gemalen koriander
1 theelepel citroengras
2 eetlepels ketjap
2 eetlepels ketchup
1 deciliter kokosmelk
1 deciliter water

Doe water en pindakaas in een pan op een laag vuurtje. Roer tot een gladde saus. Let op dat de saus niet kookt. Doe alle overige ingrediënten erbij. Goed roeren en op een zacht vuurtje laten indikken. Wordt de lava te dik? Beetje lauw water erbij.

Midden in de Sahara ligt Couscousistan, een raadselachtige vlakte vol couscous. Tijdens volle maan rijdt een geheimzinige couscouskaravaan door de ongerepte coustenij. Kamelen beladen met zakken vol cashewnoten, rozijnen, rode paprika en muntblaadjes. Onderin die zakken zitten gaten, zodat overal wat lekkers valt. Als het dag wordt, mogen de kinderen van Couscousistan als eersten proeven.

karavaan

maken: 30 minuten

Schenk heet water over de rozijnen, zodat ze kopje onder staan. Laat ze een kwartiertje weken en daarna uitlekken in een vergiet.

Maak de couscous volgens de gebruiksaanwijzing op de verpakking (elke couscous is anders).
Kook of stoom de peultjes beetgaar. Was de paprika en verwijder de zaadlijsten. Snij in lange repen en daarna in kleine stukjes. Verhit olie in een koekenpan. Doe knoflook, paprika, rozijnen, cashewnoten en kurkuma in de pan. Schep alles om en bak het mengsel 3 minuten op middelhoog vuur.

Pak een grote schaal en meng de couscous, samen met het paprikamengsel en de peultjes. Zout, peper en een kneepje citroen naar smaak toevoegen. Verse munt erbij - bewaar wat voor de thee.

De liefhebber serveert deze couscous met falafel en kruidenyoghurt.

voor 4 personen

250 gram couscous
250 gram peultjes
1 teentje knoflook, fijngehakt
1 rode paprika
75 gram cashewnoten (zonder zout)
50 gram rozijnen
2 eetlepels munt, fijngesneden
½ citroen
½ theelepel kurkuma
2 eetlepels olijfolie

kruidenyoghurt

250 gram Griekse yoghurt
2 eetlepels dille, fijngesneden
1 teentje knoflook, geperst
1 theelepel paprikapoeder
½ citroen
zout en peper

Meng alle ingrediënten in een kommetje en zet dat een uurtje in de ijskast. Dan kunnen de smaken op elkaar inwerken en wordt het nog lekkerder.

DOR

In Spanje heb je mannen in roze maillots met gouden glittertjes. Die zwaaien met een rode lap. Vlak voor de neus van een stier. Dat maakt zo'n stoer beest razend! Dus als je deze gevulde tomaat eet, prima, maar stoor er geen stier mee. Bedankt.

maken: 30 minuten

Kook de rijst gaar. Verwarm olie in een pan met dikke bodem. Laat de ui op een heel laag vuurtje 20 minuten stoven. Dat is lang, maar zo wordt de ui extra zoet en vol van smaak - de ultieme ui. Topkoks doen het ook op deze manier.

Snij het kapje van de tomaten en hol ze voorzichtig uit met een scherp theelepeltje. Bestrooi de binnenkant met wat zout. Het vruchtvlees kun je weggooien. Of opeten, als je honger hebt.

Als de ui gestoofd is, doe je de tomatenpuree, komijn, kaneel en knoflook erbij. Zet het vuur iets hoger en laat alles nog 1 à 2 minuten bakken. Voeg dan de gare rijst toe en roer alles goed om. Breng verder op smaak met (cayenne)peper en zout. Voeg op het laatst fijngesneden sterrenkers en pijnboompitten toe. Vul de tomaten met het warme rijstmengsel en dien op.

voor 4 à 6 personen

200 gram rijst
6 grote tomaten
1 rode ui, gesnipperd
1 teentje knoflook, gehakt
1 eetlepel tomatenpuree
1 theelepel gemalen komijn
1 theelepel gemalen kaneel
1 bakje sterrenkers
3 eetlepels olijfolie
50 gram pijnboompitten, licht geroosterd

Werken in een sushifabriek vraagt om technisch inzicht. Dus help je ongeduldige moeder en stuntelende vader bij het opzetten van de productielijn. Het eten van sushi is nog moeilijker: je moet ze met stokjes van je bord naar je mond vervoeren.

maken: 50 minuten

Kook de sushirijst gaar volgens de gebruiksaanwijzing op de verpakking. Voeg rijstazijn en zout toe als de rijst gaar is, schep alles om en laat de rijst afkoelen in een schaal.

Schil de komkommer, snij 'm in de lengte doormidden en schraap de zaadjes eruit. Verdeel de komkommerhelften in stukjes van ongeveer 10 centimeter. Die snij je weer in de lengte door, in 6 reepjes. Was de paprika en verwijder de zaadlijsten. Halveer de avocado en schep het vruchtvlees voorzichtig uit. Snij langwerpige reepjes van de paprika en de avocado, beetje dezelfde maat als de komkommer. Besprenkel de avocado met citroensap om verkleuring tegen te gaan.

Tijd voor de sushirollen. Leg een vel nori in de breedte op het bamboematje. Schep er rijst op. Spreid de rijst gelijkmatig uit over het norivel, maar laat de bovenste 3 centimeter vrij. Strooi wat sesamzaad over de rijst en leg reepjes komkommer, paprika en avocado in het midden. Hou het geheel zo plat mogelijk.

Met het kwastje het uiteinde (3 cm) van het norivel bevochtigen. Maak een langwerpige sushirol door het bamboematje op te rollen richting de plakrand. De eerste keer is de kans best groot dat het mis gaat. Dat hoort erbij. Als het is gelukt, leg je de sushirol met de naad naar beneden op een plank of bord. Na een aantal sushirollen gaat het steeds sneller.

Neem een scherp mes. Snij de sushirollen in plakjes van 2 à 3 centimeter. Leg de sushi op een schaal. Het moeilijkste komt nog. Kinderen mogen de sushi met stokjes in kleine kommetjes met sojasaus dippen en opeten. Echt waar, ze vinden sushi vaak meteen leuk en lekker. Ouders moeten wel even wennen aan knalgroene scherpe wasabi en zoetzure roze gember.

voor 4 à 6 personen

350 gram sushirijst
3 eetlepels rijstazijn
6 à 7 vellen nori
2 avocado's
1 komkommer
1 rode paprika
100 gram sesamzaad
½ citroen
½ theelepel zout

serveren met

Japanse sojasaus
zoetzure roze gember
wasabi

extra nodig

kwastje
Japanse eetstokjes
bamboe oprolmatje
(te koop bij toko/supermarkt)

FABRIEK

SCHOTEL

In de woestijn van Mexico wonen sjamanen, dat zijn de tovenaars van de Indianen. Ze veranderen zandkorrels in rijst. Als de lucht trilt en het lijkt of er in de verte water glinstert, toveren zij er een vis uit tevoorschijn.
Door al die magie heeft één sjamaan vaak honger voor drie. En zie...

maken: 25 minuten
in de oven: 25 minuten

De oven voorverwarmen op 200 graden.
Verwarm olie in een ovenvaste pan (die kan zowel op het vuur als in de oven). Geen ovenvaste pan bij de hand? Schep de paella dan na het bakken op vuur in een ovenschaal en zet die in het midden van de oven.
Bak ui en paprika 3 à 5 minuten. Voeg knoflook en rijst toe en schep de boel om.
Breng in een aparte pan bouillon met een mespuntje saffraan aan de kook. In plaats van saffraan kun je ook kurkuma bij het rijstmengsel in de pan doen.
Wrijf de kabeljauwfilet in met zout en snij de filet in stukken van 1 bij 2 centimeter. Spoel de garnalen schoon onder koud stromend water. Verwarm 2 eetlepels olijfolie in een koekenpan en bak de kabeljauw en garnalen 2 à 3 minuten. Haal de vis uit de pan en schep voorzichtig door het paprika-rijst-mengsel in de andere pan. Voeg warme bouillon toe. Roer alles 1 keer om en laat daarna met rust. Bij risotto moet je roeren. Bij paella moet je juist helemaal niet roeren!
Zet de ovenvaste pan met de deksel erop in de oven en laat de paella 25 minuten garen. Gebruik je een ovenschaal? Dek die dan af met aluminiumfolie.
Verdeel de paella over de borden. Garneer met peterselie. En serveer met een groene, knapperige salade, vers stokbrood en partjes citroen.

voor 4 personen

250 gram risottorijst of speciale paellarijst
300 gram kabeljauwfilet, zonder graten
200 gram gepelde garnalen
1 rode paprika, in dunne reepjes
2 uien, gesnipperd
1 teentje knoflook, gehakt
1 theelepel paprikapoeder
1 mespunt saffraandraadjes
2 eetlepels bladpeterselie, fijngesneden
7 deciliter visbouillon
1 citroen
4 eetlepels olijfolie

VOORZIENING

Kijk naar een plant die dwars door het asfalt breekt en je weet: het plantenrijk is onverwoestbaar. Dat wil iedereen wel, zo'n ijzersterk gestel. Maar hoe krijg je die groene kracht binnen?
Daar hebben ze overal in de wereld een andere oplossing voor.
We vonden recepten van cowboys, ninja's, motorcrossers, Indianen, middeleeuwse soldaten en piraten. Ga snel op groentejacht.
Gewapend met deze knock-out recepten eet je jezelf onoverwinnelijk.

Cowboys zijn misschien niet de meest beschaafde jongens op aarde, maar in dit geval geven we ze toch een beetje gelijk. Heb je net een frisse salade gemaakt, in die droge en dorre woestijn... zit er opeens een insect aan je meloen te knagen!

maken: 15 minuten

Trek de slablaadjes los. Wassen en droogslingeren in een slacentrifuge. Schik de blaadjes op een schaal.
Hak watermeloen en feta in blokjes en verdeel over de sla.
Doe de olijven en pijnboompitten erbij.

Klop olijfolie met honing, limoensap en bieslook tot een dressing. Peper en zout naar smaak toevoegen. Sprenkel de dressing vlak voor het opdienen over de sla. Serveer met boerenbrood, wat roomboter en olijfolie.

voor 4 à 6 personen

1 krop frisee sla
400 gram watermeloen
100 gram feta
50 gram zwarte olijven, zonder pit
50 gram pijnboompitten, licht geroosterd

dressing

6 eetlepels olijfolie
2 eetlepels limoensap
1 theelepel honing
20 sprietjes bieslook, fijngesneden

Ga naar de V van Vitamines

BOONTJES

Indianen weten het al eeuwen: bonen zitten vol met bouwstoffen. Je kunt er zelfs een wigwam van bouwen. Dat is een vlechtwerk van takken, overdekt met schors en bladeren. Of je maakt er een tipi van: een tent met stokken en huiden. Maar wat dit bonenbouwwerk moet voorstellen weten we ook niet. Een Tigwam? Een Wipi?

Tigwam-boontjes

bijgerecht voor 4 personen

4 ons sperziebonen
2 eetlepels verse salie, fijngesneden
50 gram Parmezaans kaas, geraspt
1 teentje knoflook, gekneusd
1 eetlepel olijfolie
1 eetlepel boter

maken: 20 minuten

Top de sperziebonen. Breng een pan met ruim water aan de kook. Voeg de bonen toe en kook ze in 5 à 7 minuten beetgaar. Giet de bonen af en laat ze schrikken onder koud, stromend water. Hierdoor stopt het kookproces en blijven ze lekker fris en stevig.

Verwarm boter en olijfolie in een koekenpan op middelhoog vuur. Zet het vuur laag en doe de knoflook erbij. Na een minuut de knoflook verwijderen. Zet het vuur weer wat hoger en doe de sperziebonen en salie in de pan. Schep alles een minuutje om en breng verder op smaak met versgemalen zout en peper. Garneer met Parmezaanse kaas.

Wipi-boontjes

bijgerecht voor 4 personen

4 ons sperziebonen
1 rode ui
1 eetlepel balsamico azijn
4 eetlepels verse bladpeterselie
2 eetlepels olijfolie

maken: 25 minuten

Verwarm 2 eetlepels olijfolie in een pan met dikke bodem. Snij de ui in flinterdunne schijfjes en stoof 20 minuten op een laag vuurtje. Door het langzame stoofproces worden de uien extra zoet van smaak.

Top ondertussen de sperziebonen en kook ze in 5 à 7 minuten beetgaar. Afgieten en laten schrikken onder koud, stromend water. Verhit 1 eetlepel olijfolie in een tweede pan. Roerbak de gekookte sperziebonen een halve minuut. Zet het vuur hoger, blus af met balsamico, doe de gecarameliseerde uien erbij en bak nog een minuut. Schep alles om, beetje peper en zout erbij. Garneer met fijngesneden peterselie.

RAUWKOST

Hak elkaar in de pan met deze ideale mix van vechttechnieken: Taugétrap, Chinese Koolklem, Paprikaklap en Gelijke Munt. Daarna kun je warmlopen voor het echte werk: met je blote snijtanden een bosuitje doorbijten. En wie heel stoer is, werpt er een Banzai-dressing in. Dat betekent 'Aanvallen!' in het Japans. Lekker voor grote mensen. Maar er bestaan ook kinderen die het gevecht met scherpe smaken aandurven. Prettige wedstrijd.

voor 4 à 6 personen

100 gram taugé
1 gele of 1 rode paprika
3 wortels
½ Chinese kool
2 bosuitjes, in dunne ringen
1 eetlepel koriander, fijngesneden
1 eetlepel munt, fijngesneden
1 eetlepel basilicum, fijngesneden

maken: 25 minuten

Snij de Chinese kool en paprika's in dunne reepjes, rasp de wortels en meng alles in een grote bak of schaal. Doe er taugé, munt, koriander en basilicum bij en meng opnieuw. Bosuitjes aan de rand voor de kinderen. Zo. Wie durft het aan? Eens komt de dag, echt waar.

Doe alle ingrediënten voor de dressing in een jampotje. Deksel erop en schudden maar. Proef of de smaakverhouding naar wens is en voeg eventueel nog wat zout, zoet of zuur toe. Meng de dressing vlak voor het opdienen door een deel van de salade. Maak voor de kinderen een mildere dressing met olijfolie en een kneepje citroensap en meng dat door het andere deel van de salade.

Extra vechttechnieken

Beetgare peultjes, cashewnoten, radijs en rucola zijn ook erg lekker in deze salade. Alles wat fris en knapperig is: hak het in de pan. Of slabak.

Banzai-dressing

6 eetlepels olijfolie
2 eetlepels limoensap
1 eetlepel sesamolie
1 eetlepel sojasaus
1 eetlepel ahornsiroop of bruine suiker
2 cm verse gember, geraspt
1 teentje knoflook, geperst

Ga naar de M van Mineralen

Wie niet sterk is, moet snel zijn. Daarom knagen konijnen zoveel gezond voer. Logisch, want met een vetrol raak je klem in je hol. Dan kun je geen kant op. Nu wel. Vos in de buurt? Even de motor kickstarten en weg is konijn. Daar sta je dan als vos. Een beetje slim te wezen.

maken: 25 minuten

Sla wassen en droog slingeren in een slacentrifuge. Scheur de blaadjes in stukken en verdeel ze over een platte schaal. Halveer de courgette en de komkommer. Verwijder de zaadlijsten uit de komkommer (en eventueel de schil) en snij de courgette en komkommer in plakjes. Strooi samen met hazelnoten en feta over de sla. Meng vlak voor het opdienen zelfgemaakte **motorolie** door de salade. En voer de salade nog wat verder op met zelfgemaakte croutons (zie p. 45).

voor 4 à 6 personen

1 krop Romeinse bindsla of ijsbergsla
1 kleine courgette
1 komkommer
50 gram hazelnoten
100 gram feta, verkruimeld

Motorolie

Onderstaande hoeveelheid is voldoende om 3 grote salades mee op te peppen. In een brandschone jampot doen, dan kun je het een week in de ijskast bewaren.

Was peterselie en kervel. Verwijder de steeltjes. Doe sjalot en knoflook in de keukenmachine, samen met de peterselie- en de kervelblaadjes. Voeg wijnazijn toe en maal alles fijn. Laat de machine draaien tot er een groene emulsie ontstaat. Schenk olijfolie en notenolie er in een straaltje bij en laat de machine draaien tot alles goed is gemengd. Proef en breng verder op smaak met peper en zout.

1,5 deciliter olijfolie
0,5 deciliter notenolie (walnoot of hazelnoot)
2 eetlepels rode wijnazijn
1 sjalotje, fijngehakt
1 teentje knoflook, geperst
half bosje peterselie
half bosje kervel
zout en peper

SLA

Ga naar de V van Vet

gedreven

In de middeleeuwen waren de dingen simpel. Je was goed of je was fout. Daar zat niks tussen. Dachten ze dat je een heks was, werd je in het water gegooid. Bleef je drijven, dan was je een heks en ging je op de brandstapel. Als je verdronk, was je geen heks. Jammer, maar helaas. Met groenten idem dito. Daar prikten ze in. Niet gaar? Dan moesten ze langer in de oven. Wel gaar? Dan werden ze op een spies geprikt. Heel wreed. En erg lekker.

maken: 15 minuten
in de oven: 45 à 60 minuten

Verwarm de oven voor op 200 graden.
Was en hak de groenten in grote stukken. Snij de paprika's in lange repen en de courgettes in dikke plakken. Doe paprika, courgette - en alle andere geselecteerde groenten - in een metalen bakblik. Leg takjes rozemarijn en tijm tussen de groenten. Voeg geplette knoflook en versgemalen peper en zout toe. Giet wat olijfolie over de groenten en schep alles om. De olijfolie zorgt er voor dat alles sneller gaart en lekker sappig blijft. Rooster de groenten 45 à 60 minuten in de oven. Test met een vork of prikker of de groente gaar is.
Kerstomaatjes toevoegen? Goed idee, maar doe dat pas later. Bestrijk ze met olie en laat ze de laatste 5 à 10 minuten met de rest meegaren.

bijgerecht voor 4 personen

1 kilo stevige groentesoorten, zoals:
paprika
courgette
aubergine
zoete aardappel
venkel
wortel
pastinaak
(rode) ui / sjalotten

extra

tijm, rozemarijn, knoflook

Geroosterde groenten zijn ook lekker met een

sinaasappel-specerijenmengsel

1 theelepel gemalen koriander
1 theelepel gemalen komijn
1 geraspte (biologische) sinaasappelschil
1 teentje knoflook, gehakt
3 eetlepels olijfolie

Roer alle ingrediënten in een kommetje. Voeg peper en zout naar wens toe. Schep het specerijenmengsel door de groenten in het bakblik en zet alles zo'n 45 à 60 minuten in de oven.
Geroosterde groenten zijn lekker bij het avondeten. Maar ook heerlijk als lunch.
Serveer met verse peterselie, boerenbrood en yoghurt-muntdip (zie p. 121).

& GRANATEN

Grote schatten vind je op de meest onverwachte plekken. Zo kun je in een granaatappel duizend robijnen vinden. Die zijn niet alleen bloedmooi, maar brengen je ook geluk. Piraten die lang op zee zitten eten ze daarom elke dag. Ze smaken friszoet en zorgen dat je geen scheurbuik, schurftvoet of kruipoor krijgt. Dat is mooi meegenomen. Zolang iemand anders ze niet meeneemt, natuurlijk. Want er zijn altijd kapers op de kust. Verstoppen onder een berg sla wil nog wel eens helpen.

maken: 20 minuten

Als je een keer geen konvooi met granaatappels tegenkomt op volle zee, vind je meestal wel wat granaatappels bij een Turkse of Marokkaanse groenteboer. Ze maken hardnekkige vlekken, dus schort aan. Pak de granaatappel en sla er voorzichtig mee op het aanrechtblad, dan komen de pitjes los. In een diepe kom met een scherp mes halveren. Het sap bewaren. Vouw de schil open, zodat de pitjes er gemakkelijk uit kunnen. Verwijder meegekomen vliezen, want die zijn bitter. Schep de pitjes uit de kom en strooi ze over de salade. Van het sap maak je een dressing door er olijfolie, limoensap, kaneel, peper en zout door te kloppen.
Snij de paprika in dunne, lange reepjes. Snij de venkel in flinterdunne reepjes en besprenkel met een kneepje citroensap. Verdeel sla of postelein over een grote, platte schaal en bestrooi met reepjes paprika en venkel.

Deze salade is lekker met falafel en een **yoghurt-muntdip**: meng 2 eetlepels verse, gehakte munt door 2 deciliter Griekse yoghurt. Doe er een teentje gehakte knoflook en een kneepje citroensap in. Breng op smaak met peper en zout.

voor 4 personen

200 gram veldsla of postelein
1 granaatappel
1 gele paprika
½ venkelknol
kneepje citroensap

dressing

opgevangen granaatappelsap
1 eetlepel limoensap
½ theelepel kaneel
4 eetlepels olijfolie
peper en zout

**Ken je dat? Dat je door het bos loopt en struikelt over de groene balletjes?
Een bijzonder natuurverschijnsel, beter bekend als doperwtjesplaag.
Er zit dan maar één ding op: de boswachter moet dophertjes uitzetten.
Die prikken de doperwtjes aan hun gewei en stampen ze plat met hun hoeven.
Da's mooi, want van die geplette doperwtjes kun je de lekkerste dingen maken.**

maken: 15 minuten (exclusief doppen)

Verwarm olijfolie in een grote pan met dikke bodem. Voeg de doperwten toe en schep ze om, zodat ze glanzen van de olie. Voeg bouillon toe en breng aan de kook. Zet het vuur wat lager en laat alles nog 4 à 5 minuten pruttelen. Giet de doperwten af, maar bewaar een half kopje van het kookvocht.

Doe de doperwten in de grote kom van de keukenmachine. Voeg munt, basilicum, Parmezaanse kaas, boter, versgemalen zout en 4 eetlepels kookvocht toe. Maal het geheel grof: twee keer een seconde op de 'pulse' knop drukken is genoeg. Anders wordt het groene prut - en dat willen we niet.

Vers of uit de diepvries?

Nederlandse doperwten zijn in juni en juli vers te krijgen. Niet als groene balletjes, maar verpakt in peulen. Onthaast je gezin en maak er een gezellige dopsessie van. Eet ze dezelfde dag op, dan zijn ze nog lekker zoet en sappig. Als je langer wacht, veranderen de suikers in zetmeel en worden ze melig. Buiten het seizoen zijn er diepvriesdoperwten. Net zo zoet, want na de oogst meteen ingevroren. En je hoeft ze ook niet te doppen.

bijgerecht voor 4 personen

450 gram diepvriesdoperwten
of 750 gram peulen
2 eetlepels basilicum, fijngesneden
2 eetlepels munt, fijngesneden
25 gram Parmezaanse kaas
250 ml groentebouillon
2 eetlepels olijfolie
½ eetlepel boter
½ theelepel versgemalen zout
4 eetlepels (half kopje) kookvocht

hertjes

EERSTE HULP BIJ

BONEN

Je hoort het best vaak. Mensen die roepen: 'Boontje komt om zijn loontje.' Bijvoorbeeld als er een boontje niet uit z'n doppen kijkt. Nou, wacht maar tot zo'n ongehoorzaam boontje echt een ongeluk krijgt. Dan wou je dat je het nooit had gezegd.

maken: 15 minuten

Gooi de bonen in een vergiet en spoel goed af onder de koude kraan. Snij de tomaten in vieren. Verwijder het harde gedeelte en de pitjes. Hak de tomatenparten in blokjes van ongeveer 1 centimeter. Doe hetzelfde met de paprika. Meng citroensap met olijfolie en versgemalen zout in een kom. Meng de dressing door bonen met tomaat en paprika. Garneer met fijngesneden peterselie en geef er een beetje ketchup bij, voor de liefhebber.

Lekker met een gebakken eitje of een (vegetarisch) worstje.

Heilige boontjes

Bonen zijn goedkoop, gezond, makkelijk en lekker. Prima vulling voor de voorraadkast. Voor de verandering kun je ook borlottibonen, cannelinobonen of sperziebonen gebruiken. Of een combinatie van verschillende soorten!

bijgerecht voor 4 personen

1 pot witte bonen (uitlekgewicht 250 gram)
4 tomaten
1 rode of 1 gele paprika
1 eetlepel citroensap
4 eetlepels olijfolie
2 eetlepels verse bladpeterselie

Ga naar de V van Voorraadkast

PLANEET

Lanceer je eigen planeet met dampende kraters van zelfgemaakt beslag. Laat 'm omgedraaid weer landen in de pan.
De truc is simpel: schuiven en gooien tegelijk. Als de zwaartekracht te sterk is en de landing niet lukt, mag je 'm meteen opeten.
Ben je er klaar voor? 10, 9, 8, 7, 6, 5, 4, 3, 2, 1...

NNENKOEK

En nou is het genoeg! De stroop is voor jullie. De jam is voor jullie. De suiker is voor jullie. Alle pannenkoeken zijn voor jullie. Op een paar na. Dat zijn de pannenkoeken met champignons. Met kaas. Met bosui. En pesto. Die zijn voor jullie ouders. Nee, ook geen klein stukje. Wegwezen!

maken: 25 minuten

Meng meel en zout in een kom. Maak een kuiltje in het midden. Doe de eieren en de helft van de melk erbij. Roer alles goed door elkaar met een mixer of garde. Dan kan de rest van de melk erbij. Blijf kloppen tot er een glad beslag ontstaat. Roer wat gesmolten roomboter door het beslag. Dan krijgen de pannenkoeken een mooie glans en een betere smaak.
Verwarm olie in een koekenpan en wacht even tot de pan heet genoeg is. Als het beslag zachtjes sist en meteen begint te stollen, weet je dat het goed zit. Zet het vuur wat lager. Draai de pannenkoek pas om (liefst in de lucht) als de bovenkant is gestold.

basisbeslag voor 15 pannenkoeken

400 gram meel
½ theelepel zout
4 eieren
8 deciliter melk
1 eetlepel gesmolten roomboter

Bak voor alle kleine apen een flinke stapel gewone pannenkoeken. En voor de gorilla's een mamapapapannenkoek:

maken: 10 minuten

Snij de kastanjechampignons in dunne plakjes en smoor ze met de bosui een minuut in wat olie in een koekenpan. Zet het vuur hoger en giet beslag in de pan. Draai de pannenkoek voorzichtig om als de bovenkant is gestold. Strooi geraspte kaas op de gebakken kant en wacht tot de kaas is gesmolten. Een lepel pesto erbij, klaar!

voor 2 mamapapapannenkoeken

50 gram jonge kaas, geraspt
150 gram kastanjechampignons
2 eetlepels basilicumpesto (zie p. 67)
3 bosuitjes, fijngesneden
2 pollepels basisbeslag
2 eetlepels olijfolie

Ga naar de V van Variatie

Niks is leuker dan aan je eigen tortilla sleutelen. Zorg voor goed gereedschap: een lepel, een mes en een vork. Plus een paar bakken met smakelijke onderdelen. Eerst zet je 'm helemaal in elkaar. Dan zaag je de motorkap open en sloop je 'm weer. Best een lekker werkje.

maken: 60 minuten

<u>voor 6 tortilla's</u>

Guacamole

2 rijpe avocado's
1 bosui
½ limoen
1 knoflookteentje, gehakt
1 eetlepel korianderblaadjes, fijngesneden

Prak het vruchtvlees van de avocado's en meng met bosui, knoflook, koriander en limoensap.

Tomatensalsa

3 tomaten
1 eetlepel koriander, fijngesneden
¼ rode ui
½ limoen
1 eetlepel olijfolie

Ontvel de tomaten. Verwijder de pitjes en snij het vruchtvlees in kleine blokjes. Mengen met fijngesneden koriander, gesnipperde ui, limoensap en olijfolie. Beetje versgemalen zout erbij.

Vulling

250 gram kidney bonen (pot)
250 gram bruine bonen (pot)
150 gram maïskorrels (potje)
1 rode paprika
½ rode ui
1 teentje knoflook, gehakt
1 theelepel komijnzaad, gemalen
1 theelepel paprikapoeder
½ theelepel chilipoeder
1 eetlepel tomatenpuree
2 eetlepels olijfolie

Smoor de gesnipperde ui en knoflook een paar minuten in olijfolie. Komijn, paprika- en chilipoeder toevoegen en omscheppen. Snij de paprika in kleine stukjes en doe in de pan met bruine bonen, kidneybonen, maïskorrels en tomatenpuree. Doe er een klein scheutje water bij. 20 minuten laten pruttelen op een laag vuurtje.

Tortilla's

125 gram meel
75 gram maïsmeel (natuurwinkel)
2 eieren
3 deciliter water
1 deciliter alcoholvrij bier
1 theelepel zout

Meng de twee meelsoorten met het zout in een kom. Maak een kuiltje in het midden. Klop de eieren los met water en bier. Schenk bij het meelmengsel en klop alles tot een luchtig beslag. Bak de tortilla's in wat olijfolie in een koekenpan met anti-aanbaklaag.

<u>Extra onderdelen</u>

100 gram jonge kaas, geraspt
150 ml crème fraiche of dikke yoghurt

POFFERS

Haaien zijn er als de haaien bij. Dolfijnen vinden ze dolfijn. Vissers proberen zeepoffertjes aan de haak te slaan, in de hoop een zeemeermin te vangen. Dat lukt meestal niet, omdat die vissers er zelf ook niet af kunnen blijven.

maken: 20 minuten
beslag laten rusten: 45 minuten

Meng meel, zout en gist in een grote beslagkom. Maak een kuiltje in het midden en klop de melk erdoor. Doe het losgeklopte ei en de gesmolten boter erbij. Klop alles tot een glad beslag. Dek af met een theedoek en laat 45 minuten rusten op een warme plek. Doe het beslag in een speciale poffertjesfles. Dat is zo'n handig ding waarmee je het beslag gedoseerd in de pan kunt spuiten. Ze zijn voor een prikkie te koop bij winkels als HEMA en Blokker. Zet de poffertjespan op het vuur. Vet de rondjes in met een kwastje en laat de pan gloeiend heet worden.
Vul de rondjes voor ¾ met beslag. Zet het vuur wat lager. Draai de poffertjes om (met een vork) als de bovenkant grotendeels is gestold. Bak de andere kant goudbruin en haal de poffertjes uit de pan.
Laat de poffertjes wat afkoelen op een schaal. Versier met een dotje crème fraîche, gerookte zalm en een plukje dille.

voor 80 zoute zeepoffers

beslag

125 gram boekweitmeel
125 gram tarwebloem
4 deciliter lauwwarme melk
50 gram gesmolten boter
1 ei
5 gram droge gist
½ theelepel zout

topping

150 ml crème fraîche
1,5 ons gerookte wilde zalm, in stukjes
4 takjes dille

verder nodig

kwastje
zonnebloemolie
poffertjesfles
poffertjespan

KOEKJES

Panna is de bal tussen de benen van je tegenstander door spelen. Daar moet je heel goed voor kunnen voetballen. Of je tegenstander heel slecht. Het kost veel energie om een panna te scoren. Ongeveer één pannakoekje per uur voetbal. Let op! Als je te veel of te vaak pannakoekjes eet, verlies je snelheid en ben je zelf het poortje.

maken: 30 minuten

Meng meel met bakpoeder, vanillesuiker en kaneel. Maak een kuiltje in het midden. Klop de eidooiers met de melk los. Schenk bij het meelmengsel en klop tot een glad beslag.
Klop de eiwitten stijf met een halve theelepel zout. Zorg dat de garde en de kom vetvrij zijn. Anders kun je kloppen wat je wilt, maar wordt het eiwit niet stijf. Klop tot er pieken op het schuim verschijnen. Schep met een spatel het eiwit en de bosbessen voorzichtig door het beslag. Niet te lang, want dan verdwijnt de luchtigheid uit het beslag.

Verwarm wat boter of olie in een koekenpan met anti-aanbaklaag. Schep er met een soeplepel beslag in. Een pannakoek is 10 à 12 cm in doorsnee, dus er passen er twee in de pan.
Bak op middelhoog vuur. Na 2 à 3 minuten omdraaien. De andere kant kun je iets korter bakken. Serveer de pannakoekjes met poedersuiker, ahornsiroop, jam of wat kwark met honing.

voor 15 pannakoekjes

2,5 deciliter melk
200 gram (spelt)meel
4 eieren, gesplitst
8 gram vanillesuiker
2 theelepels bakpoeder
½ theelepel zout
¼ theelepel kaneel
150 gram bosbessen
boter of zonnebloemolie om te bakken

Ga naar de B van Beweging

flensje

In je droom zie je een megacoole vrachtwagen. Je doet de deur open en klimt in de bestuurdersstoel. Het stuurwiel is zo groot als een pannenkoek. In de achteruitkijkspiegel zie je de lading: een enorme bol vanille-ijs. Het begint poedersuiker te sneeuwen. Je zet de ruitenwissers aan en dan... word je wakker. Het is geen droom, maar een toetje. En het bestaat echt!

maken: 20 minuten

Meng meel en zout in een kom en maak een kuiltje in het midden. Klop de eieren met de melk los. Doe de helft bij het meel en roer door elkaar met een mixer of garde. Schenk de rest erbij en klop tot een glad beslag. Roer wat gesmolten roomboter door het beslag. Dat geeft de flensjes een mooie glans en een betere smaak. Bak de flensjes aan beide kanten goudbruin en bestrooi ze met amandelen en poedersuiker. Schep op ieder flensje een bolletje ijs. Niet te lang wachten met opeten. Dat is meestal geen probleem.

voor 8 flensjes

beslag

100 g bloem
2 eieren
2,5 deciliter melk
½ theelepel zout
1 eetlepel gesmolten boter

garnering

50 gram geschaafde amandelen, licht geroosterd
200 ml roomijs
poedersuiker

Ga naar L van Light

paradijs

Je hebt gewone dagen met gewone toetjes en je hebt ongewone dagen met ongewone toetjes. Die vind je in het toetjesparadijs. Maar dat paradijs vind je niet zomaar, je moet het zelf maken. Het voordeel van toetjes maken is dat je ze alvast kunt proeven. Zo wordt je toetje ook een beetje voorgerecht. Proef niet te veel, anders heb je geen trek meer in het hoofdgerecht. En zonder hoofdgerecht is je toetje geen toetje meer.

Als je yoghurt lekker vindt, dan word je helemaal wild van deze hangop. Dat is yoghurt die je (niet lachen) ophangt. Als je na zes uur uitgelachen bent, kun je de boel ophijsen. En proef je de meest zachte, romige en verrukkelijke yoghurt die er bestaat. En dat is nog maar het begin.

maken: 20 minuten
hangen: minimaal 4 uur

Leg 's ochtends een schone theedoek in een vergiet en zet die in een diepe kom, zodat het vocht kan weglopen. Schenk de yoghurt erin, zet weg op een koele plaats en laat 4 à 6 uur staan. Schep aan het eind van de dag de hangop uit de theedoek en meng er vanillesuiker door.
Maak 's avonds de vruchtensaus: verwarm sinaasappelsap op middelhoog vuur in een steelpannetje. Doe de suiker erbij en laat oplossen. Snij het vanillestokje open en schraap het zaad er uit. Gooi stokje en zaad in de steelpan en laat alles 5 minuten trekken. Zet het vuur uit, zodat de saus helemaal afkoelt. Haal het vanillestokje eruit (en laat het zaad erin).
Snij een paar aardbeien in vieren en meng ze in een aparte kom met de rest van het zomerfruit. Doe de overgebleven aardbeien bij het afgekoelde sinaasappelsap in de steelpan. Fijnmalen met een staafmixer, zodat er een schuimige rode saus ontstaat.
Schenk de rode saus in dessertschaaltjes. Doe er een flinke schep hangop bij en verdeel de rest van het zomerfruit over de schaaltjes.

Hangoppen in de winter

In de winter (of herfst) maak je hangop met mandarijn.
Klop 2 deciliter slagroom met 2 eetlepels suiker tot er piekjes verschijnen. Voorzichtig door de hangop roeren. Garneer met partjes verse mandarijn en geschaafde chocola of hagelslag.

voor 4 à 6 personen

1 liter (half)volle yoghurt
8 gram vanillesuiker
2,5 deciliter sinaasappelsap, vers geperst
50 gram fijne kristalsuiker
1 vanillestokje
300 gram aardbeien
300 gram overig zomerfruit naar keuze: frambozen, aalbessen, bosbessen, bramen

PLAKJES

Dit recept hebben holbewoners ooit in een grot getekend. Best lastig om te ontcijferen, maar het is toch gelukt. Wortels en walnoten, da's duidelijk. Dat een zee voor zout staat, is ook niet zo gek. Maar een tienduizend jaar oude tekening van lichte basterdsuiker? Ga d'r maar aan staan. En wat betekent een stofwolkje met een vuurtje eronder? Een zeer geleerde professor kwam er na drie jaar pas achter, dat het bakpoeder moest voorstellen.

voor 10 à 12 plakken

200 gram (spelt)meel
250 gram wortels, grof geraspt
100 gram lichte basterdsuiker
1 deciliter (milde) olijfolie
3 eieren
75 gram rozijnen
50 gram walnoten, grof gehakt
2 eetlepels sinaasappelsap
2 theelepels bakpoeder
1 theelepel zout

maken: 15 minuten
in de oven: 50 à 60 minuten

Verwarm de oven voor op 180 graden. Vet een cakevorm van 20 cm in en bedek de binnenkant met bakpapier. Dit doe je door een groot stuk bakpapier in de vorm te drukken en tegen de wanden glad te strijken. Het papier dat boven de rand uitsteekt, knip je af. Het bakpapier zorgt ervoor dat je de cake straks makkelijk uit de vorm kunt wippen.
Meng meel met bakpoeder en zout in een grote kom. In een tweede kom de eieren met de suiker los kloppen. Dan kunnen de olie, rozijnen, walnoten, wortels en sinaasappelsap erbij.

Klop alles goed door elkaar. Doe het meelmengsel uit de eerste kom bij de 'natte' ingrediënten uit de tweede kom en roer alles voorzichtig door elkaar.
Schep het beslag in de cakevorm en bak de cake 40 à 45 minuten. Test met een satéprikker of de cake gaar is. De prikker moet schoon en droog uit de cake komen.
Laat de cake eerst een paar minuten afkoelen in de cakevorm en daarna op een rooster.

Zeg nooit dat oud brood niet lekker is. Je kunt het roosteren, je kunt er tosti's van maken en je kunt het aan je ganzen geven. Maar oud brood wordt pas echt bijzonder als je er kruimelwerk van maakt. Geeft dat veel rotzooi? Nee hoor. Er blijft meestal geen kruimel liggen.

voor 4 à 6 personen

500 gram paarse pruimen
5 à 6 sneetjes (oud) bruin brood
40 gram roomboter
75 gram bruine basterdsuiker
1 biologische citroen
vanille-ijs of slagroom

maken: 15 minuten
laten inwerken: 30 minuten
in de oven: 20 minuten

Was de pruimen, halveer ze en verwijder de pit. Doe de pruimen in een grote kom, samen met de basterdsuiker en 1 eetlepel water. Rasp de citroenschil (daarom moet-ie onbespoten zijn) en pers het sap eruit. Nu kunnen citroenrasp en -sap bij de pruimen. Roer alles goed door elkaar. Laat een half uur rusten, zodat alles op elkaar kan inwerken en er een sappig geheel ontstaat.
Verwarm de oven voor op 190 graden, ongeveer 10 minuten voordat je de pruimen in de oven zet. Vet een vuurvaste schaal in met wat boter.

Gooi de sneetjes brood in de grote kom van de keukenmachine en vermaal tot broodkruim. Laat de boter zachtjes smelten in een koekenpan. Nu kan het broodkruim erbij. Zet het vuur iets hoger.

Roer het broodkruim regelmatig om en bak het in een paar minuten goudkleurig en knapperig.
Meng het pruimenmengsel met ¾ van het broodkruim in de ovenschaal. Als laatste maak je een laag van het achtergehouden broodkruim. Zet de schaal in het midden van de oven en bak 15 à 20 minuten, tot de pruimen zacht zijn en de toplaag krokant is. Serveer met een bolletje vanille-ijs of lobbig geklopte room.

Kruimen zonder pruimen

In de winter kun je appels in plaats van pruimen gebruiken. De rest is precies hetzelfde.

Nooit stiekem spullen pakken die van iemand anders zijn. Dat is diefstal. Deze verleidelijke taart lokt het wel een beetje uit. Maar het mag niet. Sommige lekkerbekken stelen toch een hapje. Volg de chocoladevingerafdrukken en je hebt de dader.

maken: 25 minuten
in de oven: 45 minuten

Voordat je begint even dit: verse frambozen zijn niet geschikt voor dit recept, omdat de taart daar nogal zompig en kledderig van wordt. Bevroren frambozen zorgen ervoor dat de taart tijdens het bakken lekker stevig blijft. Als je verse hebt, moet je die dus eerst invriezen. Echt waar.
Verwarm de oven voor op 180 graden. Vet een springvorm van 24 cm in met boter en bedek de bodem met bakpapier.
Neem 2 grote kommen. In de ene kom meng je bloem, cacao, suiker en bakpoeder. Maak een kuiltje in het midden. Smelt de boter op laag vuur en let er op dat ie niet verkleurt. Meng de gesmolten boter met de frambozen bij de bloem en roer alles goed door elkaar. Doe er een eetlepel water bij als het deeg te klonterig is.
In de tweede kom klop je de eiwitten met een snufje zout tot stevige pieken. Het is belangrijk dat je keukengereedschap vetvrij is, anders blijf je kloppen tot je een ons weegt. Schep de eiwitten voorzichtig door het chocolade-frambozenmengsel.
Stort alles in de bakvorm en bak 45 minuten in de voorvewarmde oven. Laat de taart eerst 15 minuten afkoelen in de bakvorm. En daarna op een rooster.
Tot slot bedek je de taart met een vingerafdrukkenchocoladelaag. Doe de slagroom en de chocolade in een steelpan. Meng op laag vuur tot een dik en glad chocolademengsel. Giet de gesmolten chocola over de taart en gebruik een mes of spatel om de boel gelijkmatig te verspreiden.

voor 10 à 12 punten beslag

125 gram bloem
30 gram cacaopoeder
100 gram boter
200 gram suiker
200 gram diepvriesframbozen
4 eieren, gesplitst
$^{1}/_{2}$ theelepel zout
1 theelepel bakpoeder

chocoladelaag

1 deciliter slagroom
100 gram pure chocolade

Ga naar de Z van Zorgeloos

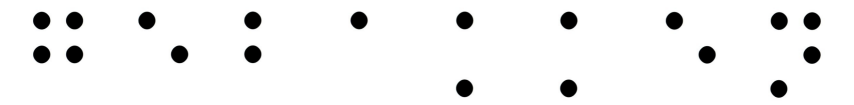

Die stipjes zijn letters uit een bobbeltjesalfabet dat Braille heet. Als je ogen het niet doen, lees je met je vingers: BLIND GEBAKKEN. Zo heet de truc achter deze taart. Je mag 'm wel met open ogen eten, maar als je ze dicht doet, proef je alles nog beter.

maken: 45 minuten
in de ijskast: 60 minuten
bakken: 20 minuten

Begin met de taartbodem. Zeef bloem boven een kom en meng met suiker en zout. Snij de boter met twee messen erdoorheen. Kneed snel met je vingertoppen, tot je vlokken ziet. Drie eidooiers en 2 à 4 eetlepels koud water erbij. Kneden tot een zacht deeg ontstaat. Wikkel de deegbal in huishoudfolie, dan een half uurtje in de ijskast.
Bestuif je aanrecht met bloem en rol het deeg tot een dikte van 3 mm. Bekleed een ingevette taartvorm (ø 25 cm) met het deeg, waar je met een vork gaatjes in prikt. Zet 30 minuten in de ijskast. Na een kwartier de oven alvast op 200 graden voorverwarmen. Leg het bakpapier op de gekoelde bodem en daarop weer het hulpvulsel. Dit heet 'blind' bakken: zo blijft de taartbodem plat. Bak 10 minuten, hulpvulsel eruit en weer 10 minuten bakken. In de vorm laten afkoelen.
Maak ondertussen de gele roomvla: breng melk en een opengesneden vanillestokje zachtjes aan de kook. Melk tot kookpunt verwarmen. Deksel op de pan en 10 minuten laten trekken. Klop eidooiers met basterdsuiker en gezeefd meel schuimig. Haal het vanillestokje eruit. Klop de melk met een garde door het schuimige eidooiermengsel. Giet alles in de pan. Zet het vuur hoog, blijf constant kloppen en kook de vla 2 minuten. In een lage schaal schenken en met poedersuiker bestuiven, zodat er geen vel ontstaat.
Klop slagroom lobbig en schep door de afgekoelde vla. Haal de taart voorzichtig uit de vorm. Vlak voor je 'm opeet met gele room vullen. Versieren met heel veel vers fruit.

voor 8 à 10 personen
taartbodem

250 gram bloem
2 eetlepels witte basterdsuiker
125 gram boter uit de ijskast
2 eidooiers
halve theelepel zout
2 à 4 eetlepels water

banketbakkersroom

2,5 deciliter melk
3 eidooiers
15 gram witte bloem
1 vanillestokje of 8 gram vanillesuiker
50 gram witte basterdsuiker
1 deciliter slagroom
poedersuiker

fruitlaag

vers fruit, zoals zoals kiwi, banaan, mango, aalbessen, bosbessen aardbei, framboos, etc.

extra

500 gram hulpvulsel (gedroogde bonen)

kwark

Je hebt toetjes uit oma's tijd. En je hebt toetjes van nog veel langer geleden. Dit is zo'n toetje. Wat je van ver haalt is lekker en veel verder dan 200 miljoen jaar terug kun je bijna niet. Die vegetarische dino's hadden het toen prima voor elkaar. Proef zelf maar.

maken: 10 minuten

Rooster de walnoten lichtjes in een droge koekenpan.

Ontvel de abrikozen. Kruis de velletjes in met een scherp mes en dompel ze 20 à 30 seconden onder in kokend water. Spoel af onder koud stromend water en verwijder de velletjes. Verwijder de pit en snij de abrikozen in stukjes. Doe de stukjes abrikoos in een schaal, met wat citroensap en 1 eetlepel suiker. Het citroensap zorgt ervoor dat de abrikozen helder van kleur blijven. Schep voorzichtig om en laat even staan.

Klop de slagroom lobbig met 2 eetlepels suiker. Roer yoghurt en kwark door elkaar. Spatel de slagroom erdoor. Verdeel het mengsel over dessertschaaltjes en garneer met stukjes abrikoos en walnoten.

voor 4 personen

8 à 10 rijpe abrikozen
100 gram gepelde walnoten
2 deciliter kwark
2 deciliter dikke yoghurt
2 deciliter slagroom
3 eetlepels suiker
1 eetlepel citroensap

Tijdens de tijdelijke ijstijd

In de winter gebruik je gedroogde abrikozen of andere tutti frutti. Laat een uurtje wellen in warm water en snij vlak voor het opdienen in stukjes.

Ga naar de M van Melk

KOEKJES VAN

ANDER DEEG

Kijk eens op het etiket van koekjes uit de fabriek. Daar zitten vreemde dingen in zoals natriumbenzoaat, E210, sorbitaan-monostearaat, E471 en kalciumpyrosulfiet. Zo krijg je koekjes die niet snel oud worden, maar ook nooit vers zijn geweest. **Eerlijke koekjes komen niet uit een scheikundedoos.** Die knutsel je zelf in elkaar van heel ander deeg. Dat ze iets sneller oud worden, is geen probleem. Dan heb je ze toch al lang op.

zoutjes

Na het eten van sesamzaad zing je de zuiverste tonen en de zoetste melodietjes. Of in dit geval de zoutste melodietjes, want zoutjes zijn zelden zoet. Maar als jij zoet bent, krijg je wel eerder een zoutje. En als je mazzel hebt, een zingend zoutje.

maken: 5 minuten
in de oven: 6 à 8 minuten

Verwarm de oven voor op 220 graden. Laat de plakjes bladerdeeg op het aanrecht ontdooien. Dit duurt een paar minuten.

Snij met een scherp mes elke plak bladerdeeg in 6 lange repen. Haal de repen los van het plastic velletje. Leg ze op twee bakplaten, bekleed met bakpapier. Strooi sesamzaadjes over het bladerdeeg en druk ze een beetje in het deeg. Strooi er wat geraspte kaas over. Het geeft niet als er wat kaas naast de repen valt, een beetje rommelige zoutjes zijn juist extra feestelijk. Schuif de bakplaten in de oven en laat de zoutjes 6 à 8 minuten zingen, tot ze goudbruin en knapperig zijn.

Zingende zoutjes zijn lekker als tussendoortje of borrelhapje. Ze doen het ook goed bij de soep, op de fiets of onder de douche.

voor 25 zoutjes

5 plakjes roomboterbladerdeeg
1 handje geraspte kaas
2 eetlepels sesamzaad

Ga naar de Z van Zout

Bomen hebben takken en daar kun je lekker in slingeren. Een rots heeft geen takken, dus de meeste apen vinden rotsen nogal saai. Tenzij het een apenrots is. Die zijn namelijk heel lekker. Ook als je geen haar over je hele lichaam hebt.

maken: 20 minuten
noten weken: nachtje van tevoren

De meeste supermarkten verkopen dadels waar suiker aan is toegevoegd. Dat zijn mierzoete, geconfijte dadels. Nergens voor nodig, want dadels zijn al zoet genoeg van zichzelf. Ongezoete dadels zijn verkrijgbaar in biologische winkels. De groenteboer heeft soms verse dadels. Dus kies voor de laatste twee.

Laat de cashewnoten en amandelen eerst een nacht weken in een kommetje met water. Je kunt ze dan beter verwerken en ze verteren makkelijker. De pijnboompitten rooster je lichtjes in een droge koekenpan. Giet de gewelde noten af en maal ze fijn in de keukenmachine, samen met de pijnboompitten, dadels en cacao. Neem met een lepel telkens een schepje van het mengsel en draai daar een rots van. Doe de kokosrasp in een kommetje en rol de rotsen er doorheen.

Apenrotsen worden nog specialer als je een paar druppels oranjebloesemwater bij het mengsel doet. Dat geeft een frisse, delicate smaak. Oranjebloesemwater vind je in kruidenwinkels of delicatessenzaken.

voor 25 apenrotsen

100 gram cashewnoten, 1 nacht geweekt
100 gram amandelen, 1 nacht geweekt
50 gram pijnboompitten, licht geroosterd
8 ontpitte dadels
1 eetlepel cacao
50 gram geraspte kokos

Ga naar de A van Apparaten

KOEKJES

Deze koekjes heten snelle koekjes, omdat ze langzaam verbranden. Niet in de oven, maar in je maag. Dat betekent dat zo'n koekje jou langer kracht geeft. Geen 100 meter maar een halve marathon! Met zo'n havermoutkoek laat je elke leeuw in z'n hemdje staan.

maken: 15 minuten
in de oven: 15 minuten

Verwarm de oven voor op 180 graden.

Meng de havermout met (spelt)meel, suiker, kokosrasp, amandelen, zout en vanillesuiker in een grote kom. Smelt de boter op laag vuur. Let op dat de boter niet verkleurt. Giet de gesmolten boter bij de droge ingrediënten, doe er 4 eetlepels water bij en meng alles goed door elkaar.

Bedek twee bakplaten met bakpapier. Maak met behulp van twee lepels of met je handen balletjes en druk die plat op het bakpapier. Bak de koekjes 15 minuten. Laat ze afkoelen op een rooster. En je bent klaar voor de start!

voor 20 koekjes

100 gram havermout
100 gram (spelt)meel
100 gram roomboter
80 gram rietsuiker
50 gram kokosrasp
1 theelepel vanillesuiker
½ theelepel zout
4 eetlepels warm water

Ga naar de B van Beweging

Je hebt Muffins. En je hebt Muffinnetjes. Jongens denken dat Muffinnetjes voor meisjes zijn en eten ze niet op. Dat is niet zo slim, want meisjes eten ook Muffins en krijgen zo veel meer. Jongens, vlieg er niet in: een Muffinnetje is gewoon een goed vermomde Muffin. Met je ogen dicht proef je geen verschil. Op het plastic schoentje na. Dat moet je uitspugen.

maken: 15 minuten
mandarijnen koken: 30 minuten
in de oven: 20 minuten

Gebruik voor dit recept biologische mandarijnen, want mandarijnen staan in de top-3 van meest vervuild fruit. Samen met druiven en citroenen krijgen ze de meeste bestrijdingsmiddelen op hun velletje. Dat kun je er helaas niet af wassen, want het gif dringt door de schil heen. Er zit ook nog eens kleurstof en een waslaagje op. Dat willen we allemaal niet in onze muffin.
Breng een pan met ruim water aan de kook. Zet het vuur lager, doe de mandarijnen met schil en al in de pan. Laat ze een half uur garen. Maal ondertussen de geschaafde amandelen in de keukenmachine tot amandelmeel. Doe het amandelmeel in een grote kom en meng met bakpoeder, suiker en het (spelt)meel.
Haal na 30 minuten de mandarijnen uit de pan. Laat ze een beetje afkoelen. Draai ze dan - met schil en al - in de keukenmachine tot moes. Terwijl de motor draait, voeg je één voor één de eieren toe. Doe het mandarijnen-eimengsel samen met de droge ingrediënten in de kom. Roer met langzame bewegingen tot een gelijkmatige massa.
Verwarm de oven voor op 180 graden, zo'n 10 minuten voor je de muffins in de oven schuift. Beboter een muffinplaat of zet er papieren vormpjes in. Vul de muffinvormpjes voor tweederde. Gebruik daarbij twee lepels, want het is nogal plakkerig spul. Bak de muffins 20 minuten.

voor 12 stuks

3 à 4 biologische mandarijnen (400 gram)
4 eieren
125 gram geschaafde amandelen
125 gram (spelt)meel
100 gram poedersuiker
2 theelepels bakpoeder
½ theelepel zout

Ga naar de L van Landbouwgif

In de rivier de Nijl staan de grootste mengmachines van de wereld: Nijlpaarden. Duizenden liters water mixen ze moeiteloos met het zinderende zand van de Sahara. Met al die gele modder bouwden de Egyptenaren piramides. Plus een reusachtige kat met een mensenhoofd: de Sphinx. Toen had vorstin Chocopatra genoeg van al dat gele spul. Bruin moest het worden. Bakken cacaobonen werden tussen de nijlpaarden uitgestort. Met succes. Niemand bouwt nog piramides, maar chocokoeken vind je overal.

maken: 15 minuten
in de oven: 12 minuten

Verwarm de oven voor op 180 graden.

Meng meel, zout en vanillesuiker in een kom. Meng in een tweede kom de zachte boter met de basterdsuiker en het losgeklopte ei. Roer met een vork tot een luchtig en zalvig beslag.

Hak de chocola in kleine stukjes: leg de chocola op een broodplank en bedek met een schone theedoek. Sla er met een hamer op. Ga door tot je alles hebt fijngehakt. Kinderen vinden dit een leuk klusje. Hak de hazelnoten op dezelfde manier. Meng alle haksels door het deeg.

Bedek twee bakplaten met bakpapier. Maak met twee lepels kleine bergjes van het beslag, ter grootte van een walnoot. Druk ze voorzichtig plat op het bakpapier. Zorg dat er voldoende ruimte tussen de koekjes zit, want ze worden groter tijdens het bakken. Bak de koekjes 10 à 12 minuten. Laat ze afkoelen op een taartrooster.

voor 25 koekjes

150 gram (spelt)meel
125 gram zachte boter
100 gram bruine basterdsuiker
100 gram (pure) chocola
50 gram gehakte hazelnoten
1 theelepel vanillesuiker
½ theelepel zout

Als je een bosbes op een schaaltje legt, is-ie na een paar dagen gerimpeld. Maar wie bosbessen eet (zelfs die met rimpels) blijft juist langer jong. Hoe goed dat werkt, zie je aan het hertje hiernaast. Dat is al 134 jaar oud en huppelt nog steeds rond als Bambi. Allemaal dankzij bosbesbaksel!

BAKSEL

voor 12 stuks

175 gram bosbessen
250 gram (spelt)meel
2 eieren
75 gram boter, gesmolten
1,5 deciliter milde yoghurt
100 gram rietsuiker
2 theelepels bakpoeder
1 theelepel vanillesuiker
½ theelepel zout

maken: 20 minuten
in de oven: 20 minuten

Verwarm de oven voor op 180 graden. Vet een muffinbakplaat in met boter (of zet er papieren vormpjes in).

Klop in een grote kom de eieren los en meng met yoghurt, gesmolten boter en bosbessen. Je kunt zowel verse als bevroren bosbessen gebruiken. Meng in een tweede kom het meel met bakpoeder, suiker, zout en vanillesuiker. Doe alle droge ingrediënten bij het bosbessenmengsel. Roer met langzame bewegingen tot een mooie gelijkmatige massa.

Vul de muffinvormpjes voor tweederde en bak de muffins 20 minuten. Met een satéprikker kun je testen of de muffins gaar zijn. Als de prikker er droog uit komt, is de muffin klaar!

Ga naar de F van Fruit

KEET ABC

Na alle vrolijke recepten komt er nog een toetje: leesvoer.
Versgeplukte kennis die je geest prikkelt en je maaltijden verrijkt.
Plus een satéprikker om wat reclameballonnen mee door te prikken.

Eten is veel te belangrijk om ingewikkeld over te doen. Voor je het weet wordt het onverteerbare kost. Daarom hebben we de boel een beetje opgefunkt. En alles kort, maar krachtig opgeschreven.
Een paar keer wordt het - onvermijdelijk - een beetje technisch. Even doorzetten graag. Op verjaardagen kun je er goede sier mee maken!

Vrees niet. Gemiddeld ben je vijf minuten per onderwerp kwijt.
Het zijn er 46. Als je elke week een stukje leest, ben je binnen een jaar Professor in Keet Smakelijk.

Het zou zo maar kunnen dat deze verantwoorde tussendoortjes naar meer smaken. Dan ga je naar **keetsmakelijk.nl**. Daar vind je onze bronnen en handige links.

Wil je op de hoogte blijven? Meld je aan voor de gratis nieuwsbrief. Met recepten en tips over lekker eten met kinderen. Plus de nieuwste inzichten en ontwikkelingen op het gebied van kinderen en voeding. Heb je vragen, commentaar, aanvullingen of suggesties?
Mail ze naar info@keetsmakelijk.nl.

Lees Smakelijk!

Aan tafel!

Je komt na een file van een uur thuis. De kat heeft in de gang gepist, de kinderen lopen te gillen, de was moet nog uit de machine, er is ouderavond en de belasting moet vanavond af. Kortom, een gewone doordeweekse dag. Wat zou een kant-en-klaarmaaltijd toch handig zijn. Maar daar word je niet gelukkig van. Het bereiden van een verse maaltijd, hoe simpel ook, is een soort instant meditatie. Lukt dat niet, denk dan dat de wortel die je hakt je baas is. Kijk, dat lucht op.

De trend in de Westerse samenleving is dat gezinnen steeds minder samen aan tafel eten. Jammer, het zijn juist die momenten dat je elkaar even aandacht kunt geven. Het ontbijt als gezamenlijke start ('Ik heb zo gek gedroomd vannacht...') en de warme maaltijd als afsluiter ('Pap, we hebben vanmiddag de juf voor de gek gehouden!').
Onderzoek toont aan dat kinderen die vaak samen met het gezin eten, minder overgewicht en obesitas hebben. Omdat je meer met elkaar bezig bent, eet je langzamer. Da's beter voor de spijsvertering. Meisjes krijgen bovendien minder snel eetproblemen als anorexia en boulimia.

Samen eten geeft een hechtere band. Met z'n allen aan tafel wilde plannen maken voor de komende vakantie, het ideale voetbalteam samenstellen of bedenken wat je aantrekt naar het feest. Lachen om verdwenen melktanden of opkomende snorharen. De kleintjes vinden het gezellig en oefenen met praten. Grotere kinderen leren ideeën uitwisselen. Pubers kunnen naar hartenlust discussiëren (en provoceren). De tafel is de hoeksteen van het gezin.

Als ouders heb je aan tafel ook zicht op wat (en hoeveel) ze eten. Blijf niet uren aan tafel, want dat trekken de kleintjes niet. Twintig minuten, half uurtje is prima.

Maak het leuk op een simpele manier. Een paar waxinelichtjes op tafel, vrolijke servetten en een karaf met water. Zoek samen met je kinderen een recept uit en vertel er wat over. Misschien willen ze meehelpen, geef ze een taak. En laat ze voorproeven.
Doe melige spelletjes. Vertel om de beurt een zin en maak een heel verhaal. Ruzie maken hoort er af en toe ook bij, niet te moeilijk over doen.

Apparaten

Goed gereedschap is het halve werk. En ook nog eens twee keer zo snel. Begin met een dikke **snijplank** en één duur **koksmes** voor het snijwerk. Daarnaast zijn er veel elektrische hulpjes. Van staafmixer tot semi-professioneel spul. Er zijn dingen die design moeten voorstellen en nuchtere ik-doe-gewoon-m'n-werk-apparaten. Wat is zinvol?

Een **staafmixer** is erg handig. Niet alleen voor babyhapjes, ook om soep in de pan te pureren. Voor nog meer gemak zijn er **keukenmachines** (die worden ook wel foodprocessors genoemd). Ze mixen en kloppen en kunnen met allerlei hulpstukken heel snel hakken, kneden, raspen en snijden.

Super zijn **blenders**, waar je snel lekkere smoothies, soepen en shakes mee kunt maken. Liefst met een zware motor en een glazen kan. Koop de grootste die er is, zodat je 's ochtends in één keer alle smoothies kunt maken. Of 's avonds 1,5 liter supergladde soep.

Onmisbaar is verder een **keukenwekker** (in veel ovens ingebouwd), een **sinaasappelpers** en een **tosti-ijzer**.

Er zijn ook apparaten waar liefhebbers bij zweren, maar die bij de meeste mensen achter in de kast belanden. We noemen de pastamachine, de sapcentrifuge, de ijsmachine en de broodbakmachine.

Gezien het grote en wisselende aanbod: kijk op internet voor testen en gebruikerservaringen. Probeer de spullen van je vrienden uit, om te testen of het bevalt. Rijk hoef je niet te zijn.
Ons briljante elektrische kruidenhakkertje kochten we voor vijftig cent op Koninginnedag. Marktplaats is ook top, voor alle dagen dat het geen 30 april is.

Beweging

Ongelooflijk, maar het schijnt echt zo te zijn: negen van de tien kinderen (4-12 jaar) bewegen te weinig. Ze zitten in de klas, ze zitten op de achterbank, ze zitten voor een tv of (spel)computer. Daar word je niet dunner of gelukkiger van. Papa en mama laten hun kinderen het liefst binnen spelen, want buiten is best eng. Maar vallen leer je alleen met opstaan. Geef ze de kans, dan breken ze later ook minder vaak hun botten.

Bewegen houdt je soepel en in conditie. Het helpt je spijsvertering, voorkomt depressies en slaapproblemen. Je lijf gebruiken is goed voor je motoriek, je zelfbeeld en ook voor je hersens. Zelfs nerds worden slimmer als ze vaker bewegen.

Laat je niet afleiden door de frituurwalm in veel sportkantines en zwembaden. Ben je net lekker calorieën aan het verbranden, word je weer verleid met vette happen, candybars en zoete drankjes. We hebben een idee voor de kantine: bied ook versgeperst sap en fruitsmoothies aan. En een volkoren tosti met tomaat! Het zou trouwens ook heel sportief zijn als Sportbonden en Olympische Comités zich niet meer laten sponsoren door fastfoodketens, snoep-, ijs- en suikerwaterfabrikanten.

De gouden beweegregel voor kinderen is een uur per dag iets doen waarvan je hart sneller gaat kloppen. Daarvan moeten ze twee uur per week gericht sporten. Trampolinespringen, skaten en streetdance mag ook. Laat ze samen een boomhut, vlot of zeepkist bouwen. Weg met de auto, zet ze op de fiets. Stimuleer je koters een sport te kiezen of laat ze meedoen aan sportieve naschoolse activiteiten.

Neem kinderen in het weekend vaker mee naar het strand of bos. Met vrienden en vriendinnen is dat geen straf. Denk aan stuntvliegers, beachvolleybal, speurtochten en verstoppertje met zaklantaarns in het donker. Sprokkel hout voor een kampvuur, maak een kanotocht. Laat ze voelen dat ze een lijf hebben, dat ze niet alleen virtueel leven... maar echt.

Maak lol, ren, spring, klim, val, krijs en dans. Dan zijn ze echt moe als ze naar bed gaan. Met rode koontjes, blauwe plekken en de gelukkigste grijns die er bestaat.

Biologisch

Doe je een beetje je best om gezond te eten, slaat de twijfel toe. 'Ik las laatst ergens dat biologisch eigenlijk niks uitmaakt,' zegt een vriend die op bezoek is. Dus daar sta je dan met je onbespoten appeltjes, Groene Koe-melk en biologische brood.

Vroeger was het makkelijk om biologisch af te doen als een soort romantische trend. Toen kwamen de twijfels. De ene onderzoeker beweerde dat biologisch gezonder was. Volgens de ander maakte het geen bal uit. Het waren meestal kleinschalige onderzoeken en er werden peren met appels vergeleken. De Newcastle University hoopt aan die verwarring een einde te maken. Met het grootste wetenschappelijke onderzoek dat hieraan tot dusver is gewijd. Het duurt al bijna vier jaar en kost 18 miljoen euro. De eerste resultaten spreken boekdelen.

Biologische melk heeft een betere vetzuursamenstelling dan gewone melk. In biologische aardappelen, kool, uien, sla, tomaten en tarwe zitten meer vitaminen en mineralen (zoals vitamine C, ijzer en zink). Bijkomend voordeel is dat bij biologische teelt geen pesticiden worden gebruikt. Ook dat is beter voor je gezondheid. En voor je nageslacht, want het milieu wordt zo veel minder belast.

Ons eigen TNO voerde ook een experiment uit. Onderzoekers gaven twee groepen kippen precies hetzelfde voer, met één klein verschil: de ene helft was van bespoten teelt, de andere van onbespoten komaf. Een paar analisten vonden het weggegooid geld. Beide soorten voer waren zo goed als identiek. Zelfde granen, zelfde hoeveelheden, zelfde maat en vorm. Dat kon nooit wat uitmaken.

Toch wel, bleek al snel. De 'onbespoten' kippen hadden een lager gewicht en herstelden sneller van ziekten. De onderzoekers waren verrast. Als kippen na zo'n korte tijd al kwieker door het leven gaan, wat zal dat dan voor mensen betekenen?

Biologisch

Toch blijven er wetenschappers die beweren dat biologisch niet beter is dan niet-biologisch. 'Als er meer vitamines en mineralen in zitten en minder gifstoffen, is dat nog geen bewijs dat biologisch gezonder is.'

Wij snappen dat niet. Misschien komt het omdat ze hun hele leven hard hebben gewerkt om ons eten moderner en efficiënter te maken. En dan blijkt dat de natuur het nog steeds beter en gezonder doet. Dat slaat een deuk in je ego.

Wij kijken liever naar actueel onderzoek en trekken daar conclusies uit:
1 Biologisch is gezonder.
2 Biologisch is beter voor het milieu.
3 Als er titels voor je naam staan, betekent dat niet altijd dat je verstand gezonder is.

Grappig genoeg hebben dieren van nature door dat biologisch voer ze meer te bieden heeft. In Denemarken gaven verzorgers apen bespoten en biologische bananen. Ze zagen er precies hetzelfde uit: krom en geel. Welke banaan kiest de aap? De biologische. Niet één keer, altijd. Nu wij nog.

Brood

Bijna iedereen is gek op de geur van versgebakken brood. Helaas is de smaak van het meeste brood een ander verhaal. Negen van de tien broden, ook die van veel 'warme' bakkers, worden gemaakt met een pre-mix. Fabrieksmeel met E-nummers, zoals glansmiddel en geleermiddel. Water toevoegen en klaar is je deeg. Bakkers zijn eigenlijk afbakkers geworden. Snel-klaar-sponzen zijn helaas de norm geworden.

Gelukkig komen er steeds meer echte bakkers. Voor een paar dubbeltjes meer koop je daar goddelijk brood. Brood dat langzaam is gerezen, met een knapperige korst. Kinderen vinden dat ook erg lekker. Ze vechten opeens weer om het eerste (of laatste) knapperige kapje. Doordat je moet kauwen, proef je meer en eet je minder. Echt brood maakt zelfs de gewoonste dingen bijzonder: kaas, hagelslag en pindakaas. Het verteert beter en is zo gezond, dat je er best een dun laagje echte boter op mag smeren. En op zondagochtend een extra dikke laag hagelslag. Of een gekookt eitje, met zelfgemaakte mayonaise en komkommer. Gevorderde eters bouwen er de meest exotische hapjes van. Zet houmous, alfalfa, gegrilde groenten, boerenbrie op tafel. Wie durft?

Als je geen echte bakker in de buurt hebt, let dan extra goed op wat je koopt. Bruin brood in de supermarkt is soms geverfd wit brood. Omdat veel mensen denken dat donker brood gezonder is. Als je wit koopt, kies dan het lekkerste witte brood dat er is. Versier het met een geroosterde paprika. Geitenkaasje en basilicum erbij. Heerlijk.

Voor doordeweeks is **volkorenbrood** top. Het begrip 'volkoren' is wettelijk beschermd, waardoor je er niet mee mag sjoemelen. Volkorenmeel is lichtbruin of grijsbruin, maar nooit donkerbruin. Het is rijk aan vitamines, mineralen en voedingsvezels. Door de ongeraffineerde koolhydraten krijg je minder snel een hongergevoel, zodat je niet meteen aan de tussendoortjes gaat. Met het geld dat je zo bespaart, trakteer je je kinderen op lekker, vers beleg.

Tip: Als je zelf je brood snijdt, blijft het veel langer vers. Koop een goede snijplank en een mooi broodmes, dat goed zaagt. Kunnen je kinderen kiezen uit twee dunne of één dikke boterham.

Calorie

Er is een groot misverstand over calorieën. Van calorieën word je niet dik. Hoera! Een calorie (calor betekent warmte) is brandstof. En het lijkt er steeds meer op dat overgewicht en obesitas niet zozeer veroorzaakt worden door te veel calorieën, maar vooral door de verkeerde calorieën.

Als je meer energie 'tankt' dan je opmaakt, wordt het opgeslagen als vet. Eén jerrycan vet is mollig, twee is dik en meer dan drie heet: obesitas. Het Voedingscentrum zegt daarom: tank minder, tank light en rij heel veel rond. Want dan raak je overtollige brandstof kwijt. Dat lijkt logisch, maar het klopt helaas niet.

Je hebt dunne mannen die veel calorieën eten, vaak op hun kont zitten en niet dik worden. Je hebt dikke kerels die keurig diëten, sporten en bijna niet afvallen. De ene mens is de ander niet. De ene calorie is de andere niet. Aan het eerste kun je niks doen. Aan het tweede wel.

Die dunne luilakken eten vaak calorieën die langzaam verbranden. Verse groenten, fruit, volkorenbrood, tofu, noten, vlees of een stukje verse vis. Eerlijk eten met vitamines, mineralen, vezels en allerlei fytochemicaliën, waarvan we nog niet weten hoe ze precies werken, maar wel dat ze nodig zijn.

De tweede groep, de brave sportende diëters die niet afvallen, eet vaak voorbewerkt voedsel met geraffineerde koolhydraten. Plus allerlei lightproducten: sport- en vitaminedrankjes met een etiket waar je zonder studie chemie geen wijs uit wordt. Deze slechte calorieën hebben geen voedingswaarde, ze geven je hoogstens een kortstondig gevoel van bevrediging. En je lijf krijgt de verkeerde signalen.

Het verband tussen slechte calorieën en overgewicht zie je ook terug in de statistiek. Volkeren die overschakelen van een traditioneel eetpatroon naar een typisch Westers eetpatroon worden in rap tempo dikker. Overgewicht en obesitas komen ook meer voor in de lagere sociaal economische klassen. Niet omdat die zo ontzettend veel eten of weinig bewegen. Ze eten wel vaker relatief goedkope calorieën uit junkfood, candybars, chips, snoep, light varianten, frisdrank en andere geraffineerde producten.

Het Voedingscentrum nomineert cake, ijs, friet, frietsaus, chips en vleeswaren voor de Jaarprijs Goede Voeding. Omdat deze producten minder calorieën bevatten. Klopt. In gebakken lucht, die verrijkt is met kunstmatige zoetstoffen en vulmiddel, zitten inderdaad weinig calorieën. Maar je lijf is ook niet gek. Dat roept daarna nog harder om Volwaardig Voedsel.

Light jaagt de eetlust aan en verstoort je stofwisseling. Je houdt je lichaam voor de gek en zo 'lijnen' en jojoën we onszelf dikker en dikker. Zonde. Eet gewoon goede calorieën vol natuurlijke voedingsstoffen. Daar blijf je slank bij. En het smaakt ook een stuk beter!

Maak je kinderen dus niet caloriegek. Leer ze liever gezond eten en geef zelf het goede voorbeeld. Hou voor eens en altijd op met calorieën tellen. Vertel dat ook even aan Sonja Bakker, als je haar ziet.

Diabetes

Vroeger heette het ouderdomssuiker. Tegenwoordig krijgen kinderen het ook.
In nog geen drie jaar tijd is het aantal mensen met diabetes 2 gestegen met 25%. Helemaal niet leuk, maar lees het toch maar even.

Wat is diabetes eigenlijk? Wat is het verschil tussen diabetes 1 en diabetes 2? En het belangrijkste: hoe kun je voorkomen dat je kind diabetes 2 krijgt?

Bloedsuikers geven je energie. De hoeveelheid suiker in je bloed (de suikerspiegel) wordt geregeld door een hormoon, insuline. Dat wordt aangemaakt door de alvleesklier. Bij diabetes is dit proces verstoord en wordt er onvoldoende glucose (suiker) door het lichaam opgenomen. Dat heeft twee oorzaken:

- Bij diabetes 1 maakt de alvleesklier geen insuline aan. Dat betekent dat je insuline moet spuiten. Deze vorm ontstaat op jonge leeftijd en is vaak erfelijk.

- Bij diabetes 2 is je lichaam ongevoelig geworden voor insuline. Vroeger kwam dat door ouderdom. Nu steeds vaker door voeding en levensstijl. Daarom zijn er steeds meer jonge kinderen met suikerziekte.

Een slecht eetpatroon kan je ongevoelig voor insuline maken. Als er elke dag heel veel suiker in je bloed komt, moet de alvleesklier zich suf werken om voldoende insuline te maken. De alvleesklier kan uitgeput raken, of je lichaam wordt resistent voor insuline. Probeer daarom pieken in de bloedsuikerspiegel te voorkomen. Geraffineerde producten, frisdrank, taart, koek, ijs en zoetigheid geven veel te snel suiker af. Je bloedsuikerspiegel gaat dan op tilt.

Diabetes is een ongeneeslijke ziekte die specialistische zorg vereist. Vooral bij kinderen. Hoe jonger je bent, hoe meer je moet opletten dat je later geen complicaties krijgt, want je bent kwetsbaarder wat betreft hart, vaten, nieren, ogen en hoge bloeddruk. Diabetes 1 is gewoon dikke pech. Maar diabetes 2 kan in de meeste gevallen worden voorkomen. Zeker als je jong bent.

Eet gezond, regelmatig en niet te veel
Kies voor langzame koolhydraten: volkorenbrood, groenten en fruit. Wees matig met tussendoortjes. Die worden veel te vaak gegeten en zitten tjokvol snelle koolhydraten en suikers.

Beweeg!
Beweging zorgt ervoor dat je spieren meer glucose opnemen, waardoor het bloedsuikerniveau daalt. Kinderen zijn van nature beweeglijk. Geef ze de ruimte!

Voorkom overgewicht
Want dan zit er te veel vet in de cellen en de organen. Daardoor kan de insuline minder goed z'n werk doen. De cijfers zijn keihard: 80% van alle mensen met diabetes heeft overgewicht. 50% van alle mensen met overgewicht krijgt diabetes. En vrijwel iedereen met overgewicht lijdt aan insuline-ongevoeligheid. Dat is het begin van diabetes.

Wees dus wat strenger over frisdrank, snoepen en snaaien. Maak afspraken met de oppas, opa's en oma's en andere ouders. Zo versterk je de basis voor een langer en gezonder leven.

Dieet

'Hoe kan dat nou, dat m'n dochter zo mollig wordt? Ze eet bijna niks!' Dat kan inderdaad. Het is niet altijd zo dat dikke kinderen te veel eten. Ze eten vooral de verkeerde dingen.

Tussendoortjes die zich voordoen als 'gezonde' koek, maar die bol van de suiker staan. Gekunstelde light producten waar niks echt voedzaams in zit. Frisdranken vol chemische zoetstoffen, die de spijsvertering van je kind in de war brengen. Of als echt sap verklede fruitdrankjes: suikerwater met 2% fruit.

Klakkeloos op calorieën beknibbelen schiet niet op. Je loopt rond met een constant hongergevoel en je gaat er bovendien van jojoën. Kinderen ervaren zo'n dieet als straf.

Er is maar één recept om af te vallen voor kinderen en dat is heel simpel. Vers eten, gevarieerd eten en ook voldoende eten. Minder kant-en-klaar, minder zoet. En minder koeken, snacks en tussendoortjes. Drie rozijnenbiscuits is een extra maaltijd voor een kind. Vervang suiker niet door kunstmatige zoetstof, maar wen ze langzaam aan een minder zoete smaak.

Laat ze ook veel meer bewegen. Dat is niet alleen goed voor de lijn, maar ook voor het zelfvertrouwen van kinderen. En zeg niet dat je kind te dik is, maar hoogstens wat breed ten opzichte van de lengte.

Voor meer tips en achtergronden kun je op overgewicht.org een gratis boekje downloaden: 'Kinderen en Overgewicht. Een actieplan voor ouders.' Twee slimme onderzoekers hebben een prima methode ontwikkeld, die BOFT heet. De letters zijn een ezelsbruggetje:

Bewegen: veel lopen en fietsen. Elke dag naar school, bijvoorbeeld. Samen naar het zwembad of voetballen. Maak je kind lid van een sportclub.

Ontbijten: zonder ontbijt komt je stofwisseling minder goed op gang en krijg je eerder overgewicht. Kinderen die niet of slecht ontbijten, hebben een slechtere concentratie en leren minder op school. Als je kind moeite heeft om te eten 's ochtends, laat haar dan langzaam aan iets grotere porties wennen.

Frisdrank: dat is vloeibaar snoep. Drink het bij hoge uitzondering. Kies liever thee (zonder suiker graag), water, melk, versgeperst sap of maak een smoothie (zie p. 23).

TV kijken en computeren: dat doen kinderen steeds langer. Het is passief en er wordt vaak bij gesnoept en gesnackt; chips, drop, chocola en koek. Laat ze vaker buiten spelen, knutselen of gewoon een boek lezen. Zelfs dan gebruik je meer energie!

E-nummers

Tegenwoordig zitten er duizenden stoffen in ons eten die er vroeger niet in zaten. Geen nuttige voedingsstoffen, maar hulpstoffen met een E-nummer. Vooral veel bewerkte producten staan er bol van, want één E-tje blijkt veel te E-enzaam. Daarom zie je er vaak vier of vijf op het etiket. Soms zitten er meer in dan je op het eerste gezicht ziet. De stoutste E-tjes houden van verstoppertje spelen. Dan staat hun nummer niet vermeld, maar alleen hun chemische naam.

Wat doen ze eigenlijk? E-nummers worden gebruikt omdat ze producten kleuriger, romiger en zoeter maken. Verder zorgen ze ervoor dat de boel niet klontert of uit elkaar valt en dat het bijna eeuwig goed blijft.

E-nummers zijn alle door de overheid goedgekeurde hulpstoffen. Goedgekeurd blijkt een ander woord dan veilig. En het betekent al helemaal niet: gezond. Wat is goedgekeurd dan wel?

- Getest op volwassen ratten, dus niet op mensen en al helemaal niet op kleine mensen in de groei.
- Er wordt meestal alleen op kanker getest. Andere ziekten of klachten zijn minder erg.
- De effecten zijn alleen op korte termijn gemeten. 'Na drie weken sigaretten roken en asbest platen zagen, kregen de ratten geen kanker.'
- De Aanvaardbare Dagelijkse Inname (ADI) is slechts een benadering, want niemand weet precies wat veilig is. Is dat Aanvaardbaar?

- E-nummers worden zelden los gegeten, maar wel los getest. Dat is net zoiets als kaliumnitraat, houtskool en zwavel los testen: niks aan de hand, geen explosiegevaar. Doe je ze bij elkaar, dan krijg je buskruit. Dat is niet goed voor je gezondheid.

Er is weliswaar een Aanvaardbare Dagelijkse Inname, maar de exacte hoeveelheid van een bepaalde E staat op geen enkel etiket. Als het er wel op stond, wie zou dat dan in hemelsnaam bijhouden? En hoe? Per kind op een papiertje?

In een ideale wereld zou je alle E-nummers eerst op lange termijn moeten testen. Niet alleen op kanker, ook in alle mogelijke combinaties. Maar dan kom je op miljoenen experimenten uit en daar is geen geld en tijd voor. Alhoewel, heel af en toe wordt het gedaan.

Aspartaam (E951) en Chinolinegeel (E104) hebben een negatief effect op het vertakken van zenuwcellen, bleek in 2006. En als je ze samenvoegt, is dat effect zeven keer zo sterk. Daar worden wij best zenuwachtig van.

E-nummers

In 2004 was er een grootschalig onderzoek naar het effect van E-nummers op kinderen. Daarbij werden de populaire kleurstoffen E102, E110, E122, E124 en het conserveermiddel E211 onderzocht. Dat was even schrikken. Deze E-nummers zorgen bij kinderen voor druk gedrag, stemmingswisselingen en concentratieproblemen. Denemarken, Noorwegen en Amerika hebben het gebruik van deze stoffen drastisch ingeperkt of zelfs verboden. In Nederland smullen onze kinderen er nog volop van. Ze zitten vaak in snoep. Die stoere Hollanders zijn er kennelijk ongevoelig voor.
Dat geldt ook voor E123, E129, E133, E142 en E151. In omringende landen in de ban gedaan wegens nare bijwerkingen, maar hier vinden we dat geen enkel probleem.

Er zijn overigens ook 100% natuurlijke E-nummers, zoals E140 (bladgroen) of E330 (citroenzuur), die onschuldig zijn. Sommige stukjes natuurlijk zijn wat minder smakelijk. Broodverbeteraar E920 is gemaakt van varkenshaar, paardenhaar en zelfs mensenhaar. E1000 is cholinezuur uit de gal van dieren. E120 karmijnrood (ook wel cochenille genoemd) is gemaakt van schildluis. Heel natuurlijk, maar het kan wel hyperacitviteit en huidallergie veroorzaken.

Zoetstoffen (E420 t/m E421 en E950 t/m E967) zijn een verhaal apart. Dat verhaal staat, niet onlogisch, in het hoofdstuk Zoetstoffen.

E-nummers zitten in vrijwel alle bewerkte producten, maar er is niemand die ons dwingt ze te eten. Wie begrijpt waarom het nuttig is ze te vermijden, zal het ook niet zo moeilijk vinden om voor het alternatief te kiezen. Flans je eigen eten in elkaar met verse ingrediënten. Want waarom zou je je gezin als proefkonijn gebruiken?

In eieren zitten eiwitten (geen verrassing), vitamines en mineralen. Er zit ook cholesterol in ei, maar dat heeft vreemd genoeg geen invloed op jouw cholesterolpeil. (Wist je dat 90% van je cholesterol door je lichaam zelf wordt aangemaakt?) Drie eitjes per week is geen enkel probleem.

Eieren zijn vier weken houdbaar, maar niet vier weken lekker. Er gaat niets boven een vers ei, liefst van de boerderij. Dus stop als je een bordje langs de weg ziet en neem je kinderen mee om naar de kippen te kijken.
Wil je weten of je eieren vers zijn? Benoem je kinderen tot versheidscontroleur. Dit zijn beproefde testmethoden:
De luisterproef: een vers ei is stil. Als je de binnenkant hoort schudden, heb je een bejaard ei.
De breekproef: een vers ei heeft een stevige, bolronde dooier en dik eiwit dat nauwelijks uitloopt.
Voor aankomende wetenschappers is er de drijfproef: 100 gram zout in 1 liter water oplossen. Een vers ei ligt plat op de bodem. Hoe ouder het ei, hoe groter de luchtkamer. De stompe kant van het ei komt omhoog. Na 6 weken is het een drijfei en moet je het echt niet meer eten.

Rauwe eieren kunnen de salmonellabacterie bevatten, waardoor je darmklachten krijgt. Oppassen als je heel jong bent of zwanger. Je kunt dan sneller uitdrogen door diarree. Maak je overigens niet te veel zorgen, de kans op salmonella is heel klein. In de EU worden alle kippen die 'tafeleieren' leggen gecontroleerd.

Ook wij weten niet wat er eerder was, het ei of de kip. We weten wel dat voor elke Nederlander twee kippen in ons land wonen: 32 miljoen stuks. Bijna de helft leeft als haringen in een batterij: achttien kippen per vierkante meter. De scharrelkippen hebben het ietsje beter, met negen kippen per vierkante meter. Naar buiten mogen ze niet en hun snaveltjes worden geknipt of gebrand. Au! Voor een paar dubbeltjes meer heb je een doos biologische eieren. Die kippen zijn meestal buiten en krijgen vier vierkante meter per kip tot hun beschikking (dat is 36 keer meer ruimte dan een scharrelkip). Hun snavels worden niet weggebrand en ze krijgen biologisch voer.

Niemand wil eieren uit de legbatterij. Maar de industrie gebruikt ze nog steeds, want ze zijn een hele cent per ei goedkoper. Zo komen ze toch weer op ons bord. Steeds meer mensen pikken dat niet langer. Zo gingen de oma's van Nederland massaal de straat op om te protesteren tegen 'Oma's Cake'. Want Oma's eitjes kwamen helemaal niet van Oma's erf. De cakebakkende Oma (die op een industrieterrein woont) gebruikt nu gelukkig scharreleieren. Het begin is er. Met een beetje mazzel zitten er straks overal biologische eitjes in.

Eiwitten

Met eiwitten bedoelen we hier niet het spul dat om de eidooier heen zit, maar alle soorten proteïnen. De term is afgeleid van het Griekse woord proteis. Dat betekent van de eerste orde. En dat klopt, want eiwitten zijn bezige baasjes waar je absoluut niet zonder kunt.

Veel mensen beschouwen vlees (en vis) als belangrijkste leverancier van proteïnen. Maar je haalt ze net zo makkelijk uit groente, fruit, volkorengranen, peulvruchten, eieren, zuivel en noten.

Je kunt heel goed een paar keer per week zonder vlees of vis. Schrik niet als je kinderen vegetariër willen worden. Kinderen die geen vlees eten, groeien net zo goed als kinderen die wel vlees eten.

Hoe dan ook, eiwitten zijn belangrijk. Dus als je wilt dat kinderen hun bord leeg eten, kun je de volgende argumenten op tafel gooien.

Boven de twaalf leg je het zo uit:

Proteïnen zijn lange kettingen van aminozuren. Die worden in jouw lichaam omgezet in hormonen en enzymen. Ze helpen vooral bij het onderhoud en de vernieuwing van spierweefsel. Dus als je er een beetje fatsoenlijk uit wilt zien...

Onder de twaalf jaar doet deze het beter:

Eiwitten helpen je om bouwstoffen of brandstof uit eten te halen. Anders kun je niet groeien of in een boom klimmen. Er zijn ook eiwitten die kleine en grote boodschappen in het lichaam doorgeven: 'Ga snel naar de wc, er komt een drol aan!'

tiket

Er zijn wettelijke regels over wat je als maker op een verpakking mag (en moet) zetten. Tussen die regels zit wat ruimte. Wat op een etiket staat, lijkt vaak net iets anders als wat er in zit. Ideaal voor liefhebbers van rebussen en cryptogrammen.

Een zakje 'verantwoord' snoep roept ons toe: 'Natuurlijk gekleurd! Echt fruitsap! 30 procent minder suiker!'
'Natuurlijk gekleurd' blijkt carmine te zijn (E120), een kleurstof die allergische reacties kan veroorzaken en gemaakt is van luizen. Luizen zijn natuurlijk. Natuurlijk! 'Echt Fruitsap' blijkt 4,3% peer- en druivensap uit concentraat te zijn. Wow! '30% minder suiker.' Klinkt goed. Maar de snoepjes bevatten nog altijd 39 gram suiker per ons. Dat is bijna 40% suiker per snoepje. Er zit daarnaast ook nog maltitol (E965) in, een kunstmatig zoetmiddel waar sommige kinderen diarree van krijgen. Er zit ook gelatine (van varkenshuiden, vertelt de site) in de snoepjes. En niet nader aangeduide 'aroma's'.

We geven nog een paar hints waarmee je etiketten en labels kunt ontcijferen. Vergeet vooral niet je kinderen mee te nemen op deze leerzame puzzeltocht. Geef ze een vergrootglas en laat ze lekker etikettendetective spelen. Dan zijn ze de rest van hun leven scherp!

- Een vriendin bracht koekjes zonder E-nummer mee. Wat blijkt? De fabrikant heeft alle E-nummers voluit geschreven. Natriumcitraat in plaats van E331, dinatriumdifosfaat in plaats van E450, en zo nog een stuk of tien. De koekjes waren trouwens best lekker.

- Deze variant komt ook vaak voor: de minst kwalijke E-nummers als E-nummer vermelden. De meest omstreden E-nummers voluit schrijven. Slim!

- De naam van de ingrediënten, in volgorde van hoeveelheid. Dus het meest voorkomende ingrediënt staat voorop.

- Zogenaamde 'carry over' E-nummers hoeven niet als ingrediënt vermeld te worden. Bijvoorbeeld kleurstof in saus van een pizza. Je eet het wel op, maar je leest er niks over. Wat niet weet, wat niet deert, hopen we dan.

- Geen zout vermelden, maar natrium: 1 gram natrium betekent 2,5 gram zout. Aangezien de meeste kinderen en volwassenen twee keer te veel zout eten, best een kwalijk 'verstoppertje'.

- 0% vet: we hebben vet vervangen door verdikkingsmiddel, gelatine, en dat soort zaken.

Etiketten

- Vetarm: dat staat op ontbijtkoek of drop. Uiteraard, want er zat überhaupt geen vet in. Deze producten bevatten vooral veel suiker.

- 0% suiker / geen suiker toegevoegd: vaak synoniem voor minstens drie zoetstoffen.

- Claims met meer & minder van iets: vertellen zelden ten opzichte van wát iets 'meer' of 'minder' is. Of meer vitamine ook meer wordt opgenomen, is minder zeker.

- Met toegevoegde calcium, vitaminen, mineralen: bij veel bewerkte producten worden eerst allerlei gezonde voedingsstoffen verwijderd. Daarna wordt het product gepimpt met alle mogelijke (synthetische) voedingsstofjes, waardoor het een vitaminegeschenk uit de natuur lijkt.

- Aanbevolen door XYZ: de fabrikant geeft (uiteraard met de beste bedoelingen) geld aan dit goede doel. Het bestuur van het goede doel (uiteraard met de beste bedoelingen) neemt aan dat het product helpt bij het goede doel. Toch zetten sommige mensen daar – met reden – vraagtekens bij.

- Over het Ik Kies Bewust-logo: een gezond wantrouwen is gepast! Lees er meer over in het hoofdstuk Gezondheidsclaims.

- Met echt fruit: er zit behalve veel aroma ook 2% fruit in (microscoop meenemen).

- Met echte zuivel: beetje melkpoeder toegevoegd, voor het idee.

- Zonder conserveermiddel: met kleur- en smaakstof.

- Zonder kunstmatige kleurstoffen: met smaakstof en conserveermiddel.

- Zonder smaakstoffen en kleurstoffen: met allerlei andere E-nummers en conserveermiddel.

- Oma's Koek: oma blijkt vaak een prima laborant.

- Ambachtelijk Bereid: scheikunde is een oud ambacht.

- Streekproduct: ook deze regio produceert gemodificeerd zetmeel.

- Naar Origineel Recept: van een gepensioneerde chemicus.

- Traditioneel Gerecht: met een snufje eigentijdse toevoegingen.

- Vers gesneden: met E-nummers erbij, vooral bij vleeswaren in het koelschap vind je veel kleurstof, anti-oxidanten en conserveermiddelen. Anders bederft het vlees en wordt het bruin.

Kortom, lees de kleine lettertjes op de etiketten. Wie geen zin heeft om een vergrootglas mee te nemen, gaat naar de markt om verse tomaten en paprika's te kopen.

Frisdrank

Het gemiddelde gezin van vier personen drinkt 400 liter frisdrank per jaar: sinas, cola, icetea en sportdranken. Dat zijn per persoon 2.700 vloeibare suikerklontjes. Suiker en koolzuur zijn de ideale middelen om tandglazuur op te lossen. Helaas groeit dat nooit meer aan.

Met een eenvoudig proefje kun je kinderen de schrik op het lijf jagen. Gooi een melktand in een glas cola en kijk de volgende dag waar die is gebleven. Nee, niet door de tandenfee meegenomen. Opgelost!

Het ziet er vrolijk en verleidelijk uit, al die zoete bubbels, niet zo gek dat ze - ah toe... nog één glaasje - willen. Kinderen die meer dan een glas fris per dag drinken, hebben een dubbele kans op obesitas. Da's dan weer minder fris. Veel ouders realiseren zich niet dat een blikje al gauw 6 of 7 klontjes suiker bevat.

Gezien op school: een halve liter blauwe sportdrank - Smurfenlimonade, noemde een vijfjarig meisje dat liefkozend - met 13 klontjes suiker. De lieve ouders denken waarschijnlijk iets goeds te geven, want het is toch sportdrank en sport is gezond. Fruitdrank klinkt ook gezond, maar het is meestal gewoon water met een flinke schep suiker en een paar procent fruit. Ook 'vitaminewater' en allerlei heldere drankjes blijken niet veel anders dan suikerwater.

'En Light dan? Wij drinken thuis light, dan is er dus niks aan de hand?' Helaas, light frisdrank bevat een cocktail aan chemische zoetstoffen. Omdat alles light wordt, komen die stoffen steeds meer voor. De kans dat kinderen de maximale dagelijkse hoeveelheid overschrijden, is groot. Er zit bovendien koolzuur in light frisdrank, dus het risico van tanderosie blijft bestaan. Wie het hoofdstuk Light leest, ziet dat light producten vaak averechts werken. Ook niet zo fris: frisdranken bevatten vaak natriumbenzoaat (E211), dat volgens onderzoek van de Universiteit van Sheffield DNA kan beschadigen (met als gevolg Parkinson en levercirrose). De jongens van de frisbizz zeggen dat eerdere testen uitwezen dat E211 een veilig middel is. De Sheffield-onderzoekers vinden dat die onderzoeken hopeloos verouderd zijn.

Wij weten ook niet wie gelijk heeft, maar waarom zou je je kinderen als proefpersoon gebruiken? Wat is er eigenlijk mis met een karaf water, een kop geurige thee, echt vruchtensap, een smoothie of een glas koele melk? Nog goedkoper ook.

PS: We snappen ook wel dat het ondoenlijk is om alle frisdrank in één keer weg te denken uit een kinderleven. Maak er dus een feestelijke uitzondering van. Geef ze liever diksap met bruisend bronwater. Heel af en toe een glas frisdrank met ijsklontjes en een rietje op een feestje. Laat het geen zoete slobber voor elke dag worden. Als je kinderen uitlegt waarom frisdrank geen dagelijks drankje is, begrijpen ze het echt wel.

ruit

Bijna alle kinderen vinden fruit lekker. Nou ja, op z'n minst een paar soorten fruit. Toch eten zeven van de tien kinderen er te weinig van. Je zou zeggen, daar is makkelijk wat aan te doen. Waar wringt de schoen?

Onze koters worden tegenwoordig volgepropt met 'gezonde' koeken en andere 'verantwoorde' tussendoortjes. Daardoor is er steeds minder ruimte voor fruit. De oplossing is simpel. Minder kunstige koeken en meer pruimen, nectarines, kiwi's, kersen, appels, peren, ananas, meloen en hoe heten ze ook alweer. Liefst fruit uit het seizoen, dat is het lekkerst en goedkoopst. Geef iedere dag fruit mee naar school. Doe het in een apart bakje, zodat het niet onder de broodkruimels komt. Dat is alleen lekker in het recept Kruimelwerk (zie p. 145).

Kinderen kijken naar elkaar. Als iedereen fruit eet, ben je geen uitzondering. Overleg met de school en noem de kleine pauze voortaan 'Fruitpauze' (zie hoofdstuk School). Wie van vloeibaar fruit houdt, maakt thuis regelmatig een smoothie (zie p. 23). Kinderen vinden het leuk om zelf fruit uit te kiezen en het met veel geweld en kabaal stuk te malen in een blender. Wel de deksel crop. En let op de handjes.

Een klassieker, die niet te onderschatten is: zet een goed gevulde fruitschaal op tafel, met verschillende soorten fruit. Daar kan iedereen iets van nemen zonder te vragen. Zeg dat er wel even bij. Leg fruit goed gewassen - dus hapklaar - op de fruitschaal.

Was 'gewoon' fruit vanwege de bestrijdingsmiddelen. Maar ook wassen als het biologisch is, want vogels laten ook wel eens wat 'vallen' op biologische perenbomen of in een bosbessenbos.

Last but not least: pas op je glazuur. Een uur voor het tanden poetsen geen fruit eten, vanwege de fruitzuren! Die maken je glazuur zacht, zodat je tandenborstel het effect heeft van een ijzerborstel. Bij wijze van spreken.

Geen tijd

Geen foto bij dit stukje, want we hebben zelf ook even tijdgebrek omdat we zo nodig een boek over eten moesten maken. Wat doe je als er vliegensvlug iets op tafel moet staan?

- Kook een dag van tevoren. Dat kan prima met dingen als soep en pastasaus. Als de kinderen slapen, rustig wat hakken en snijden - dat is heel ontspannend. De smaken kunnen zo ook langer op elkaar inwerken, dus het wordt er nog lekkerder van ook. En de volgende dag hoef je alleen nog maar pasta te koken of soep op te warmen.

- Maak dubbele of driedubbele porties als je wel tijd hebt. Vries die in voor drukke dagen. Denk aan soep, pastasaus en quiches. Salade en dressing maak je voor twee dagen. De ene helft maak je klaar om op te eten. De andere helft bewaar je - zonder dressing - in een luchtdichte bak (en de dressing in een potje met deksel).

- Koop een Ferrarirode map waar je supersnelle recepten in verzamelt.

- Het is een oud liedje: net iets te laat opstaan, zodat het ontbijt in het gedrang komt. Een op de zes kinderen gaat zonder ontbijt de deur uit. Oeps! Dek 's avonds de ontbijttafel en zet alvast de broodtrommeltjes voor de kinderen klaar. Twee wekkers zetten, eentje op de gang. Grote kans dat je dan samen om elkaars ochtendhumeur kunt lachen.

- Doe voor meerdere dagen boodschappen. Maak lijstjes aan de hand van recepten, zodat je zeker weet dat je alles in huis hebt. Bijna iedereen rent zonder boodschappenlijstje de winkel in en vergeet dus van alles (zoals wijzelf). Dat maakt ontbijten, lunchen en koken niet relaxter. Lang leve die ouderwetsche lijstjes!

- In noodgevallen maak je Knutselkeet. Dat is maximale lol met minimale moeite.
Kijk wat er in huis is. Vul samen met je kinderen een heleboel bakjes met maïs, bonen, blokjes kaas, gekookte pastaschelpjes, olijven, artisjokharten, doperwtjes, gekookte pastaslierten, ketchup, croutons, cashewnoten, schijfjes hardgekookte eieren, plakjes komkommer en kerstomaatjes. Dek de tafel met de grootste platte borden die je hebt. De bedoeling is dat iedereen voor elkaar iets knutselt op een groot leeg bord. Een soort puzzelen met eten. Papa maakt een heks voor z'n dochter, zoon maakt een laptop voor z'n vader, mama maakt een raket voor haar zoon en dochterlief maakt een paraplu voor haar moeder. Op keetsmakelijk.nl staan een paar voorbeelden (kijk bij Geen Tijd). Als je zelf iets heel moois hebt gemaakt: stuur ons een foto, we zijn benieuwd...

Geld

Het zal je niet verbazen: van alle Europeanen geven Nederlanders en Engelsen het minste geld uit aan eten. Dat wordt elk jaar nog minder. In 1950 gaven we de helft van ons inkomen aan voeding uit. In 1970 was dat 30% en nu zo'n 10%. Met een beetje mazzel kan het naar 5% in 2020. Dan eten we gemodificeerde behangerslijm met kleurstof en toegevoegde vitaminen.

Zonder gekheid: de meeste mensen willen betere, natuurlijke voeding. Maar als we in de winkel staan, kiezen we toch vaak voor goedkoop. We willen geen bleek plofkuiken uit de kippenfabriek, maar ja, scharrelvlees is zo duur. Klopt. Lekker en gezond kost meestal wat meer. Je kunt de financiële schade beperken door slim in te kopen.

Een voorgesneden salade is vaak duurder dan een biologische krop sla (die je zelf moet snijden). Seizoensgroente is goedkoop en gezond. Ga aan het eind van de dag naar de markt en scoor twee kilo rijpe tomaten voor een prikkie. Daar brouw je de lekkerste soep van. En wat je te veel hebt, vries je in. Koop minder frisdrank, chips, 'verantwoorde' koeken of vette snacks. Wees creatief met kliekjes. We gooien 15% van onze boodschappen weg – of we nu arm of rijk zijn – dat is dus snel verdiend. Met een beetje fantasie kun je overal iets van maken, hoe simpel ook. Liefde en aandacht voor je dagelijkse eten zijn onbetaalbare ingrediënten. Ze kosten niets.

Geld maakt niet gelukkig. Gezond zijn wel. Lekker eten ook. Je kunt best een zuinige Nederlander zijn (onze klerenkast = 80% uitverkoop en de auto is uit de vorige eeuw), maar bezuinig liever niet op goede, verse voeding. Ga los op vers fruit en gave groente, als het even kan uit de onbespoten klei. Zodat je kinderen gezond opgroeien en later voor gezonde kleinkinderen zorgen. Koop wat minder, maar betaal wat meer voor kwaliteit. Niet uit vaag idealisme, maar omdat lekker en gezond eten een stuk beter is dan vies en ongezond.

Gezondheidsclaims

Zo, dat ziet er gezond uit, meenemen die hap: een koek met extra calcium. Papa en mama denken dat het goed is voor de botten van hun dochter, maar ze zien niet wat er in haar buikje belandt. Naast een miniem snufje kalk vooral suiker, snelle koolhydraten, conserveermiddel, emulgator en nog wat andere E-nummers. Daarnaast kun je wel van alles toevoegen, maar dat betekent niet dat je lijf het er ook uit haalt.

Een gezondheidsclaim betekent niet automatisch dat iets ook echt gezond is. Het Voedingscentrum ondersteunt bijvoorbeeld enthousiast het Ik Kies Bewust-logo. Dat moet dan wel heel erg goed zijn, zou je denken. Waar komt dat logo eigenlijk vandaan? Ik Kies Bewust blijkt een 'onafhankelijke' stichting, opgericht door de voedingsindustrie, de supermarkten en cateringbedrijven. Uit grote bezorgdheid over ons voedingspatroon.

Het idee lijkt simpel. Mensen moeten kiezen voor gezondere voeding. Maar ze kopen veel voorbewerkte producten die relatief veel vet, zoet en zout bevatten. Daar houden ze niet zomaar mee op, want gemak is vaak belangrijker dan gezond. De oplossing van Ik Kies Bewust: zorg dat iedereen producten koopt met minder vet, zoet en zout. Die worden dan vervangen door smaakstoffen, vulmiddelen en andere toevoegingen. Dat maakt ze nog geen gezonde producten, maar wel minder ongezond. Ik Kies Gezond viel daardoor af, want dat zijn de meeste producten niet. Ik Kies Minder Ongezond klinkt niet echt uitnodigend. En toen riep iemand: 'Ik Kies Bewust!' Dat klinkt gezond, zonder dat je letterlijk 'gezond' zegt. Je kan zelfs bewust voor een patatje oorlog kiezen!

En zo begon de grote verwarring. We hebben - als onnozele ouders - in twee supermarkten aan 21 mensen gevraagd waar Ik Kies Bewust nou voor staat. Die zeggen dan: 'Dat is gezond.' Of: 'Daar zitten heel veel voedingsstoffen in.' Ook uit onderzoek van de Vrije Universiteit blijkt dat het logo niet goed begrepen wordt. Echt gezond zit in onbewerkt, vers eten (meestal producten zonder logo). Daar zijn de meeste mensen zich helemaal niet bewust van. Ze zijn goed bezig, hun karretje ligt vol met goedgekeurde producten. Ik Kies Bewust is daarmee op z'n best halve informatie - en op z'n slechtst misleiding.

De deelnemende bedrijven geven honderdduizenden euro's aan de stichting Ik Kies Bewust voor promotie. Producten met het logo verkopen uitstekend, ook als er weinig natuurlijks of gezonds in zit. Ik Kies Bewust is een groot succes: 3.500 producten met een logo. Mensen denken daardoor dat ze betere dingen kiezen en gezonder eten. Wij hebben onze twijfels. Onze kinderen

Gezondheidsclaims

worden elk jaar weer dikker en eten nog steeds te weinig verse groenten en fruit.

Mag dat allemaal van Den Haag? Ja hoor. Namens een minister wordt gemeld: 'Het toont ook aan dat de industrie haar verantwoordelijkheid neemt.'

Ik Kies Bewust wordt toch geadviseerd door zes keurige proffen en ingenieurs? Klopt. Samen hebben ze een IQ van ver boven de 700, maar wat zien we? Vitaminwater, een halve liter water met 8 klontjes suiker en een stukje vitaminepil, krijgt het Ik Kies Bewust-logo.

Blijkbaar zijn de geleerden en het Voedingscentrum het ook niet altijd eens met het beleid. 'Wie kiest voor producten met het Ik Kies Bewust-logo, eet gezond', beweert een voorlichter van het Voedingscentrum. [...] 'Nonsens,' zegt professor Jaap Seidell, voorzitter van de wetenschappelijke adviescommissie. 'Het Ik Kies Bewust-logo is geen garantie voor gezond eten. De basis is en blijft de Schijf van Vijf, met veel basisproducten als volkorenbrood, groenten, fruit.' (10 maart 2009, Metro).

Seidell zegt heel vriendelijk: 'Ook de buurtgroenteman verdient het logo.' Maar daarmee doe je de groenteboer tekort. Zo stel je ongezonde fritessaus light gelijk aan supergezonde broccoli.

De beste raad die we je kunnen geven: richt zelf je eigen kindvriendelijke keurmerk op.
Ik Kies Vers. Ik Kies Volwaardig. Ik Kies Groente. Ik Kies Onbewerkt. Ik Kies Lekker. Gebruik je gezonde verstand, als je Ik Kies Bewust of andere claims ziet staan.
Want voor je het weet, kies je bewusteloos.

Groente

Oeps. Negen van de tien kinderen van 2 tot 6 jaar eten veel te weinig groente. Het gemiddelde is 41 gram per dag. Dat is hetzelfde als op de afgebeelde vrachtwagenlading. Drie kerstomaatjes en één sperzieboon. Het wordt helaas niet beter als ze ouder worden. Slechts 2 van iedere 100 jong-volwassenen (dat zijn grote kinderen) eten voldoende groente. Jong niet geleerd is oud niet gedaan.

Veel volwassenen zijn zelf vaak ook geen grote groenvoereters. En tonen daarom soms iets te veel begrip voor de weerstand van hun kinderen. Die overigens wel een punt hebben. Nederlanders hebben de neiging om groenten tot smakeloze papjes te koken. Papperige broccoli, slappe boontjes, doorgekookte wortels. Blêh.

Tijd voor een actieplan. Een prima truc: hang een vergiet in een pan met een bodempje water. Groente in de vergiet, deksel erop en stomen maar. Je kunt natuurlijk ook een speciaal stoommandje gebruiken.

Door het stomen blijft de groente knapperig. Beetje olijfolie en snufje zeezout erop. En je weet niet wat je meemaakt. Groente. Is lekker!

Ook slim: laat kinderen vrienden worden met de vijand. Plant samen een tomatenplant, in de tuin of op het balkon. Je eigen tomaat eten op een boterham is magisch. Jouw bloedeigen courgette, in een zacht soepje: goddelijk. Ga koken met de kinderen uit je klas. Rol groenten uit de schooltuin in aluminiumfolie en bak ze op een echt vuur. Geef rode-planeet-tomaatjes of een komkommerkano met wortelpeddels mee, in de broodtrommel naar school.

Thuis haal je nog meer trucs uit de koelkast. Groenten verstop je in tomatensaus, pasta en soep. En niet te snel opgeven. Het duurt soms even voor kinderen een nieuwe smaak accepteren - en daar zijn prima trucs voor (zie Lus ik nie...).

Eet zoveel mogelijk groente uit de buurt en uit het seizoen. Dat is gezonder, verser, lekkerder en beter voor het milieu. Als vers niet kan, is diepvries een prima alternatief. Alles wat je direct uit het veld invriest, is net zo gezond als vers.

Veel groente eten is een geweldige manier om je gezondheid op peil te houden. Geef zelf het goede voorbeeld en geef vooral niet op. Met lekkere recepten en een beetje fantasie kun je er zelfs verslaafd aan raken.

Junkfood

Junkfood betekent vuilnisvoer. Het is verpakking zonder inhoud, een lading lege calorieën. Geen vitaminen, mineralen of prachtige micronutriënten van moeder natuur. Wel bakken met zout, suiker en vet. Okee, als je een kater hebt van hier tot Sinterklaas kan dat helpen. Maar dat is ook het enige moment waarop je je beter voelt na het eten van junkfood.

Junkfood eet je niet alleen in het snackcircuit. Technisch gezien zijn snoep, koek, poedersoep en slagroomtaart ook junkfood. Het is ook verkrijgbaar als junkdrink, beter bekend als frisdrank.

Veel gezinnen gaan één keer per week naar de snackbar of een fastfoodrestaurant. Eén op de vier gezinnen vindt het zelfs 'geen probleem' om twee keer in de week dit vuilnisvoer te eten. Omdat ook jonge kinderen regelmatig junkfood eten, wordt het de norm. De Engelse Hartstichting kwam na onderzoek tot de volgende conclusie. Bijna alle kinderen denken dat regelmatig junkfood eten bij een normaal voedingspatroon hoort. Dat het je gezondheid ondermijnt, weten ze niet. Het is toch leuk? We krijgen een cadeautje en mama zegt dat we zo zelf iets 'lekkers' mogen kiezen. De gevolgen zijn dan ook bijzonder. Een onderzoek toonde aan dat melk, appelsap en worteltjes beter smaken als ze in een McDonalds verpakking worden aangeboden. Die waren er door de onderzoekers in gedaan. De fastfoodketen verkoopt nu ook een politiek correcte salade. Met een suikerdressing. Goed bezig!

Snoepen en snacken horen bij het leven, maar maak er dan wel iets bijzonders van – en geen routine. Wij gaan ook wel eens zondigen bij de snackbar. Incognito, met donkere zonnebrillen, want we hebben een reputatie hoog te houden. We checken natuurlijk wel even of de patat niet in transvet is gefrituurd (zie Transvet p. 214).

Pubers laten zich niks vertellen. In ieder geval niet door hun ouders. Geef ze een dvd met de hilarische documentaire 'Supersize Me'. Zie hoe de filmmaker depressief, ziek en libidoloos wordt, na een maand lang elke dag McDonalds. Verplichte kost voor alle tieners. Dan concluderen ze zelf wel dat een lichaam geen vuilnisvat is, waar je onbeperkt rotzooi in kan gooien.

Kamperen

De mooiste jeugdherinneringen zijn niet te koop. Die moet je zelf maken. Met de hand. Ja, we houden je wel bezig. Kamperen is het gouden recept. Geen tv, geen internet, Nintendo stuk door vocht en 's avonds een kampvuur. Kinderen die de hele dag in de natuur rennen, barsten van de honger. Een prima gelegenheid om eens wat anders te proberen.

Gepofte aardappels uit het kampvuur met een yoghurtsausje. Veldsla met worteltjes. Met een beetje mazzel en drie paar keukenhandschoenen (voor het plukken) maken de dapperen een spannende brandnetelstamppot. Eten ligt soms voor het oprapen!

Wordt het een zonnig weekend? Ga kamperen op een boerencamping. Daar zien je kinderen hoe koeien worden gemolken (terwijl hun ouders uitslapen). Er zijn pasgeboren babygeitjes, pony's die je mag borstelen of kalfjes die hun zachte neus in je hand drukken. Behalve echte beesten zijn er ook andere kinderen, waarmee je in de hooiberg klimt en op de trampoline springt. Na een uurtje zwemmen in natuurwater vinden ze dat rare roggebrood uit die boerenwinkel toch wel lekker. Boerencampings staan in de Groene Gids van de ANWB. Of kijk op staatsbosbeheer.nl voor prachtige kampeerplekken verstopt in de natuur. Laat je kinderen zien dat eekhoorns, vossen en herten niet alleen in tekenfilms bestaan. Ze lopen los in het bos. Meestal niet waar jij bent, maar het idee is al leuk.

Kamperen is altijd verrassend. Een storm, een eekhoorn in de tent en spaghetti met gras. Overnachtingen zijn betaalbaar en zelfs met een klein budget kun je er op uit. Voor honderdvijftig euro koop je een grote familietent. Geen zin om op de grond te liggen? Wij vonden voor tweehonderd euro een prima tweedehands vouwwagen. Met tweepits kookstel! Oké, het matras is wat minder dik dan thuis, maar buitenlucht is veel frisser dan airco in een hotel. Je hebt geen kind aan je kinderen en meer tijd voor jezelf. Boekje lezen, wandelen of lekker lui in een hangmat liggen. Een weekendje buiten voelt als vier dagen vakantie.

Voor wie kamperen echt te primitief vindt (ongeveer half Nederland) is er gelukkig een alternatief. Logeer bij Het Betere Boerenbed. Dat kost wat meer, maar je bedstee is gespreid. Je hebt een eigen plee, een houtkachel en best veel luxe. Als je wilt, kun je 's ochtends samen verse eieren rapen voor het ontbijt. Kan slechter, toch?

Knutselvoer

Vroeger pakte je yoghurt en daar deed je aardbeien in. Dan had je aardbeienyoghurt. Je moest de yoghurt inschenken, aardbeien snijden en er een schepje suiker bij doen. Doodvermoeiend. Met onze haastige levens hebben we daar niet altijd zin in. Je moet ook alles in huis hebben. Kan dat niet kant-en-klaar? En liefst in alle seizoenen?

Jawel, denkt een zuivelfabriek. Maar yoghurt met aardbeien blijft niet zo lang goed. Dus daar moet conserveermiddel in. Ach, een lekker kleurtje erbij, wel zo vrolijk toch? Maar al snel komt de concurrent ook met zo'n product. Voor een lagere prijs. Verzin een list. Laten we de helft van die dure aardbeien eruit halen en er smaakstof in doen. En wat extra suiker, dat vinden de mensen lekker.

Maar van suiker worden mensen steeds dikker. Gelukkig bestaat er zoiets als vooruitgang: verbeterde vruchtenyoghurt! Suiker eruit en kunstmatige zoetstoffen erin, hup drie verschillende soorten voor spetterende effecten. Vet en room uit de yoghurt - verdikkingsmiddel of gelatine erin, anders wordt het te waterig. Wegens gebrek aan dure aardbeien toch maar wat extra vitamine C, dan lijkt het nog wat. De yoghurt bevat inmiddels meer chemische toevoegingen dan natuurlijke ingrediënten, maar krijgt wel het Ik Kies Bewust-logo. Hij is namelijk minder zoet en minder vet dan andere vruchtenyoghurts.

We hebben er zelf om gevraagd. Ook in 1929 aten mensen liever verse ingrediënten, maar kochten ze vaak blikvoer: veel makkelijker. Dat heeft geleid tot een oneindige stroom van kant-en-klaarmaaltijden, fruitdranken, 'bewuste' koeken, instantsoepen, ovenfrites, nepbrood enzovoorts. Met veel tijdwinst en gemak voor de consument. Het wordt echter steeds duidelijker dat het eten van dit soort producten allesbehalve gezond is.

Terecht reageren fabrikanten hierop met stellingen als: 'E-nummers zijn goedgekeurd door de overheid. Je kunt ze rustig eten.' Maar het feit dat de overheid bepaalde stoffen goedkeurt, is geen garantie. Het eten van bakjes met transvet is per ongeluk decennia lang goedgekeurd en zelfs gepromoot door de overheid. Totdat werd aangetoond dat het uiterst schadelijk is voor onze gezondheid (zie Transvet).

En waarom zijn E123, E129, E133, E142 en E151 in Nederland wel toegestaan, terwijl ze in veel andere landen verboden zijn, wegens niet zulke fijne bijwerkingen? (Zie E-nummers).

Onze voeding zou bovenaan de politieke agenda moeten staan. Het is de basis van onze gezondheid. Je kunt en mag niet van bedrijven verwachten dat zij het wel even oplossen. Een bedrijf is geen levend persoon, maar een rechtspersoon: een BV of NV, waar telkens andere mensen aan de touwtjes trekken. Rechtspersonen hebben geen kinderen en kleinkinderen van vlees en bloed. Ze moeten winst maken voor de aandeelhouder. De keuze voor goedkope, legale ingrediënten is bedrijfsmatig gezien volkomen logisch. Want producten zonder toevoegingen en bestrijdingsmiddelen zijn duurder. En dat levert minder winst op. De concurrent doet het niet en kan goedkoper zijn. De groep mensen die bereid is meer te betalen voor eerlijk en lekker eten is groeiende, maar nog altijd klein. Vandaar alle bio-industrie, kunstgrepen en goedkope toevoegingen. Het mag van de overheid en er is vraag naar. Zo bekeken is het niet zo vreemd dat veel bedrijven knutselvoer maken.

De overheid kan betere regels maken, controleren en stimuleren. Maar de echte, grote verandering zal uit onszelf moeten komen. Uiteindelijk beslist de burger zelf. Wie beseft dat z'n gezin niet zo heel gezond eet, zal daar hopelijk iets aan doen. Als we minder rotzooi vragen, wordt er minder rotzooi aangeboden. Dat gaat je wel iets kosten – goed spul is duurder. Maar het gaat nog veel meer opleveren, voor jou en je kinderen. Minder overgewicht. Minder diabetes. Minder hartziekten. Minder kanker. Minder vervuiling. Oftewel, een smakelijker, vrolijker en gezonder leven. Het probleem ligt op ons bord. De oplossing ook.

Koolhydraten

Koolhydraten zijn een soort kettingen van suikers die energie geven. Geen snoepkettingen, maar microscopisch spul. Je hebt lange en korte kettingen. De lange koolhydraten worden gelijkmatig en goed verbrand. Zo langzaam, dat je lichaam ze niet in vet om zal zetten. Ze zorgen bovendien dat een hongergevoel lang wegblijft, zodat je minder snackt. Langzame koolhydraten vind je in bonen, volkoren brood, noten, rauwkost, groenten, bruine rijst, aardappelen en volkorenpasta (vrees niet, er bestaan ook lekkere soorten).

De korte kettingen worden ook wel 'snelle' koolhydraten genoemd. Die geven direct energie. Dat kan handig zijn als je een uur in de golven springt. Of als je de hele middag aan het rennen bent. Let op: als je weinig energie verbruikt, worden deze korte, snelle suikerketens 'bewaard' in de vorm van **vet.**
Snelle koolhydraten zitten onder andere in suiker, snoep, cake, ijs, koek, frisdrank, sportdrank, witte rijst, witte pasta en wit brood.

Wees matig met snelle koolhydraten, want als je er veel van eet ga je steeds langzamer lopen.

Landbouwgif

Onze moeders zeiden altijd: 'Je moet groente en fruit goed wassen, dan krijg je het gif er wel af.' Helaas. Appels worden vaak drie keer bespoten en het dringt door de schil heen. Met schillen kun je het probleem (gedeeltelijk) oplossen. Maar de meeste vitamines en mineralen zitten juist in en vlak onder die schil. Balen!
Landbouwgiffen worden ook wel pesticiden, bestrijdingsmiddelen of gewasbeschermingsmiddelen genoemd. Ze leveren geld op want ze beschermen de oogst tegen ziekten en insecten, die ook wel een hapje lusten. Ze doden echter ook bijen, die voor bestuiving zorgen. Kortom, veel van deze middelen zijn erger dan de kwaal. In Europa gebruiken we elk jaar 200 miljoen kilo gif. Dat komt helaas in de bodem en via de voedselketen weer bij ons terug.

Er zijn wettelijke normen opgesteld over de hoeveelheid landbouwgif die op groente en fruit mag zitten. Deze normen houden onvoldoende rekening met kinderen. Ze zijn kwetsbaarder dan volwassenen, omdat hun organen nog niet volgroeid zijn en daardoor gevoeliger voor gif. Een teveel aan landbouwgif kan een negatief effect hebben op hun motoriek, afweer, gedrag, leervermogen en zelfs vruchtbaarheid.

Uit de meetgegevens van de Voedsel- en Warenautoriteit blijkt 6% van alle geïmporteerde groente en fruit boven de wettelijke norm te zitten. Groente en fruit van Nederlandse teelt voldoet bijna altijd: slechts 1% zit boven de wettelijke norm. Een steekproef van TNO laat heftiger resultaten zien. In 2007 onderzocht TNO acht stukken fruit, gekocht in de supermarkt waar leden uit het Europees Parlement inkopen doen. Ze vonden 28 soorten landbouwgif, waarvan 3 soorten zenuwgif en 10 kankerverwekkende stoffen. Er was een sinaasappel bij die zoveel imazalil bevatte, dat een 5-jarig kind vergiftigingsverschijnselen zou kunnen krijgen.

De meest vervuilde fruitsoorten zijn druiven, appels, peren, aardbei, meloen en citrusvruchten. Koop ze liever onbespoten. Als je ze niet anders kunt krijgen: schil ze. Als je de schil nodig hebt voor je recept: koop alleen biologische!

De minst vervuilde fruitsoorten zijn: kiwi, pruimen, mango, nectarines en banaan.

Landbouwgif

De meest vervuilde groentesoorten zijn: aubergine, spinazie en komkommer. Die bevatten meestal te veel bestrijdingsmiddelen, onder ander het zenuwgif methiocarb en het kankerverwekkende procymidone.
Bij twijfel: kies Nederlandse groenten, die zijn het schoonst.

De minst vervuilde groentesoorten zijn: bloemkool, rode biet, ui, spitskool en witlof.

Doe je gezin (en het milieu) een lol en investeer wat vaker in onbespoten groente en fruit. Dat is de slimste manier om bestrijdingsmiddelen te bestrijden. Zelf lekker verse babyvoeding maken? Altijd onbespoten fruit en groente kopen.

Bij niet-biologisch helpt de groente- en fruitwijzer je om een slimme keuze te maken. Op weetwatjeeet.nl kun je 'm gratis aanvragen. En daar kun je ook de schoonste supermarkten opzoeken.

PS: Veel mensen zijn sceptisch over Europa, maar dat is niet altijd terecht. Omdat jonge kinderen extra gevoelig zijn voor landbouwgif heeft de EU besloten dat babyvoeding alleen geproduceerd mag worden met onbespoten grondstoffen. In januari 2009 heeft de EU bovendien 25 zeer giftige bestrijdingsmiddelen verboden. Er komen steeds meer strengere regels voor toelating en gebruik. We zijn er nog lang niet, maar het gaat de goede kant op.

Light

Ook wel geschreven als Lite – nu met 20% minder letters! Light lijkt gezond, maar vaak hou je jezelf voor de gek. Of de light producten houden je voor de gek, dat kan ook. Hoe werkt light precies?

Light mayonaise bevat misschien minder vet, maar vaak veel meer suiker. Light pindakaas ook. Het vetgehalte daalde van 58 naar 44 gram. Het suikergehalte steeg van 9,9 naar 30 gram. Suikers stimuleren bovendien je vetopslag. Light chips bevatten minder calorieën, maar nog steeds meer vet en zout dan goed voor je is. Vaak is light een excuus om meer van iets te nemen. Het is toch light? Tel uit je winst. Per portie krijg je 30% minder vet binnen, 15% minder calorieën, en uiteindelijk eet je twee keer zoveel. Daarnaast krijg je bij veel light producten een stevige dosis omstreden zoetstoffen cadeau (zie Zoetstoffen).

Het lijkt er zelfs op dat je zwaarder wordt van light. Een acht jaar durend onderzoek in Texas toonde aan dat light drinkers eerder dik werden dan gewone frisdrankdrinkers. Dat is een sterke indicatie voor de theorie dat light je lichaam op het verkeerde been zet. Je lichaam denkt dat er suiker binnen komt, maar vindt helemaal niks. Dat zou wel eens de eetlust kunnen opwekken. Onderzoek bij jonge ratjes laat ook zien dat ratjes die zoetstoffen kregen, behoefte hadden aan meer calorieën dan ratten die suiker kregen.

Light is natuurlijk aantrekkelijk voor de fabrikant en de winkelier, omdat mensen bereid zijn er meer voor te betalen. Dus je portemonnee wordt er zeker minder zwaar van.

Het Voedingscentrum is opvallend positief over light producten. Wij denken dat er een slimmer en aantrekkelijker alternatief is. Er is namelijk maar één echt light product dat werkt: minder eten van iets lekkers. Liever één bolletje echt slagroomijs, dan twee bolletjes light. Liever één glas verse jus d'orange dan twee glazen light vruchtendrank. Wie het licht heeft gezien, maakt overal light van. Kost je geen cent.

Lus ik nie....

Gefeliciteerd, je kind is normaal. Kinderen die alles lusten bestaan niet. Bij kinderen betekent 'niet lusten' vaak: ik ben niet aan deze smaak gewend. De meeste smaken zijn nieuw voor ze. Zoet en vet zijn zelden een probleem. Die voorkeur komt uit de oertijd. Zoet is energie. Bitter kan gif zijn, dus 'waarschuwt' een kindertong tegen andijvie, spinazie, witlof en spruitjes. Ook vet vindt dat tongetje wel goed. Vroeger had je elke gram vet nodig, want het volgende maal kon wel eens een paar dagen duren. Allemaal overlevingsinstinct. Maar nu waden we zonder berenvel tot onze oksels in het eten. Dus moeten ze snel aan andere smaken wennen.

Gebruik slimme verkooptechnieken. Een bijzonder verhaal is het halve werk. Maak ze een dag van tevoren al een beetje nieuwsgierig. Vreemde namen zoals Heksenketel, Kluitengooi en Scheursla kunnen daarbij helpen. Dat is zelfs wetenschappelijk bewezen. In de VS deed de Cornell University experimenten met wortels die ze X-Ray Vision Carrots noemden. Kinderen aten twee keer zoveel van die X-Ray wortels dan van gewone wortels! Pas dezelfde truc toe op je eigen kroost en gebruik dit boek als inspiratiebron. Groene asperges zijn vies, maar Drakenstaarten zijn spannend. Laat de kinderen zelf een recept uitzoeken en ga samen naar de groenteboer. Vertel (of verzin) wat er speciaal aan is. Kinderen vinden het leuk om te leren.

Iets verbieden is ook aantrekkelijk: die peperdure haricots verts of artisjokharten, daar mogen kleine kinderen niet van eten.
En zie: zodra je je omdraait stelen ze er eentje. Wat ook goed is: je mag niet meer spruitjes dan je oud bent. Liegen ze er vaak een jaartje bij.

Aan de andere kant moet je als ouder een lange adem hebben. Eén keertje proberen is zinloos, het duurt soms vijf tot tien keer voordat kinderen wennen aan een nieuwe smaak. Eerst een klein hapje andijviestamppot. De volgende keer twee kleine hapjes. En dan een grote hap.

Geef complimenten als het wel lukt. 'Je bent echt groot aan het worden.' Voer geen oorlog als het niet lukt, maar probeer het twee weken later weer. En weer. En nog een keer. Kinderen zeggen op een mooie dag echt 'Oh, ik vind het best een beetje lekker...'

Je hoort ook wel eens: 'Hij lust alleen de pasta en de geraspte kaas, de saus hoeft-ie niet.' En als ze bij vriendjes eten die ouders hebben die daar niet aan meewerken? Dan eten ze gewoon hun bord, met saus, leeg. Tot grote verbazing van de afhalende ouders.

Verstoppen en camoufleren? Prima idee. De paprika verkleed je als tomatensaus, meng knolselderij door aardappelpuree en vermom bloemkool als omelet. Tomatensaus is lekker, maar stukjes tomaten in de sla niet? Dat ligt misschien aan de pitjes, die haal je er dan uit. Champignons vinden ze ook best gek. Snij ze klein en verstop ze in de rijst of pasta. Dat lukt vaak, maar niet bij alles.

Er zullen zeker een paar dingen zijn die ze, net als wijzelf, nooit lekker zullen vinden. Meestal gaat dat om extremere smaken (marmite, spruiten, Spaanse pepers) of een nogal typisch mondgevoel (haaienvinnensoep, pindakaas). Broccoli heeft geen uitgesproken smaak en ook geen raar mondgevoel, dus daar kun je echt wel aan wennen. Gun iedereen een uitzondering of twee. De een vindt witlof smerig, de ander rode bieten of spruitjes. 'Je mag de pompoensoep overslaan, maar dan eet je wel je boontjes.'

Wat je beter niet kunt doen: kleintjes die slecht eten een groot toetje geven, of een boterham, of een fles pap in bed. 'Zo krijgt ze tenminste nog iets binnen,' zeggen de ouders dan. Kinderen leren zo dat eten weigeren beloond wordt met iets anders. Als ze geen

keus hebben, eten ze misschien één dag het warme eten niet. Dan gaan ze met honger naar bed en morgen eten ze het wel.

Geef zelf het goede voorbeeld, want als wij iets als traktatie zien nemen kinderen dat over. Als wij jarenlang met een vrolijk hoofd gefrituurde sprinkhanen eten op verjaardagen, willen zij dat ook. (Dit laatste hebben we niet geprobeerd, de rest van de voorbeelden wel).

Kortom: maak geen oorlog van de maaltijd. Maar geef ook niet te snel toe. Ze hoeven niet alles op te eten, zolang ze één of twee hapjes proeven van 'dat rare'.

Melk

Een koe hoort in de wei – en niet het hele jaar op stal, zoals sommige moderne boeren besluiten: 'Daardoor kunnen onze productie-units 1 cent per liter goedkoper fabriceren.' Niet echt fijn voor die koeien. De melk wordt er ook niet beter van.

Koeien die buiten grazen geven gezondere melk. Biologische koeien winnen de hoofdprijs, want zij geven de allerbeste melk. Dat blijkt uit een Nederlands onderzoek waarin de eetgewoonten van 2.764 moeders en kinderen vanaf de zwangerschap werden gevolgd. De onderzoekers concluderen dat kinderen ruim 30% minder kans op eczeem hebben als ze in hun eerste twee levensjaren vooral biologische zuivel consumeren.

Hoe komt dat? De onderzoekers wijzen op hogere concentraties geconjugeerd linolzuur (CLA) in biologische melk. En er zit ook meer omega-3 in biologische melk. Dankzij het gevarieerde menu van zo'n biologische koe: gras, allerlei soorten klaver en ander grappig gewas. Hoe dan ook, het heeft allemaal met elkaar te maken. Als we goed zijn voor de dieren, worden we daar zelf ook beter van.

Melk bevat prima voedingsstoffen voor opgroeiende kinderen. Maar niet iedereen kan melk verdragen. Jonge kinderen hebben een afweersysteem en een maag-darmkanaal dat nog niet volledig ontwikkeld is. Hierdoor kunnen niet-afgebroken eiwitten in het bloed terechtkomen en dat geeft bij sommigen een allergische reactie.

Er zijn ook grote mensen die niet tegen koemelk kunnen. Veel Afrikanen en Aziaten missen een enzym om melk af te breken. Buikpijn, kramp, diarree of verstopping zijn het gevolg. Geen nood, er zijn allerlei melkvarianten die ook de moeite waard zijn en meestal geen reactie opleveren. Karnemelk, kefir, geitenmelk worden meestal makkelijker verteerd. Net als sojamelk, rijstemelk en amandelmelk. En als je door de woestijn reist, is kamelenmelk erg lekker (liever niet ongepasteuriseerd drinken, weten we uit eigen ervaring).

ineralen

Mineralen zijn stukjes 'dode' natuur. Vrolijk levende planten nemen ze op uit de aarde. Dieren nemen ze op uit planten en water. Er zijn twee groepen mineralen: macro-elementen en micro-elementen.

Macro-elementen zijn: calcium, fosfor, kalium, natrium, chloor, magnesium en zwavel. Daar heb je minstens 100 milligram per dag van nodig en vaak veel meer.
Micro-elementen of spoorelementen zijn: ijzer, zink, koper, mangaan, jodium, fluor, chroom, kobalt, seleen, molybdeen, silicium en vanadium. Je hebt er maar een klein beetje van nodig – maar zonder kun je niet.
Mineralen doen allemaal belangrijke dingen die je niet weet en waarschijnlijk ook niet wilt weten. Denk aan spijsvertering, spieren, zuurstoftransport en DNA.

In de praktijk hebben veel kinderen een mineralentekort. Niet heel groot, maar toch: de hoeveelheid ijzer, zink en foliumzuur bijvoorbeeld, kan vaak een stuk beter. Dat blijkt uit onderzoeken van het ministerie van WVC (1994), de Stichting Orthomoleculaire Educatie (1995) en het Rijksinstituut voor Volksgezondheid en Milieu (2008).
Elke dag een pil met mineralen dan maar? Dat kan, maar net als bij veel andere voedingsstoffen is het maar de vraag of de stoffen in zo'n pilletje wel goed worden opgenomen. In een natuurlijke vorm (in combinatie met alle andere stoffen) heeft het meer effect. IJzer wordt beter opgenomen in combinatie met vitamine C.

Te veel ijzer staat de opname van zink en koper in de weg. Ingewikkeld – wie wil er nou gaan koken met een scheikundeboek in z'n hand?

Vers en gevarieerd eten is de beste remedie. Laat je leiden door het seizoen. Kies zoveel mogelijk voor biologische gewassen, want die bevatten meer mineralen dan niet-biologische gewassen. Hoe dat komt, is nog niet geheel duidelijk, maar er zijn wat vermoedens. Biologische landbouwers houden de grond zo gezond mogelijk. Ze gebruiken geen kunstmest, maar natuurlijke mest. Ook door het rouleren van gewassen wordt de grond minder eenzijdig belast. Groenten en granen krijgen meer tijd om te groeien. Ook daardoor stijgt het mineralengehalte. Kortom, door de levende natuur niet dood te maken komt de dode natuur beter tot leven. Of dat technisch helemaal waar is weten we niet, maar het klinkt wel mooi.

Omega-3

Zo'n beetje het hipste voedingsstofje dat er is. Wetenschappers vermoeden dat het helpt om eczeem, reuma, Alzheimer en astma te voorkomen. En depressie, agressie en dyslexie. Klinkt goed, maar dat is nog lang niet zeker. Wel zeker is de preventieve werking van omega-3 bij hart- en vaatziekten: je krijgt minder snel een hartaanval of beroerte. Mooi. We hebben echter nog een verrassing.

Nieuwe wetenschappelijke onderzoeken laten iets opzienbarends zien. Omega-3 krijgt vaak niet de kans om z'n werk te doen. De opname van omega-3 wordt gehinderd door te veel omega-6. Dat is linolzuur, een oude bekende, die vroeger in de mode was! Hoe kan dat?
Gedurende de hele menselijke evolutie (een paar miljoen jaar) was de verhouding tussen omega-3 en omega-6 in ons dieet ongeveer 1:1. Maar de afgelopen 50 jaar is die balans ernstig verstoord in ons Westerse dieet. Nu ligt hij rond de 1:15 en soms zelfs 1:40.

Even een stukje biochemische theorie (let op, dit doet het altijd goed op verjaardagen). Omega-3 en omega-6 worden omgezet door dezelfde enzymen. Door de overmaat aan omega-6 zijn er te weinig enzymen over om het plantaardige omega-3 vetzuur ALA om te zetten in de andere twee omega-3 vetzuren DHA en EPA. Met name aan deze laatste twee omega-3 vetzuren worden heilzame krachten toegekend, zoals het bestrijden van kanker, hart- en vaatziekten, diabetes en ontstekingsreacties. Een heilzame werking, die dus teniet gedaan wordt door te veel linolzuur.

Het Voedingscentrum hamert erop dat we meer vette vis moeten eten, want vooral daarin zit het begeerde DHA en EPA. Maar ons lichaam kan die DHA en EPA vetzuren prima zelf aanmaken vanuit het plantaardige omega-3 vetzuur Alfa-linoleenzuur. Tenminste: als je niet te veel linolzuur (omega-6) eet.

De extreme toename van linolzuur (omega-6) in ons dieet is trouwens eenvoudig te verklaren. Sinds verzadigd vet (grotendeels ten onrechte) in een kwaad daglicht is gezet, is de consumptie van zonnebloemolie, sojaolie en maïsolie enorm gestegen. Zogenaamd 'slechte' roomboter is vervangen door 'gezonde' margarine en halvarine: boordevol linolzuur. Want linolzuur kan je cholesterol verlagen. Klopt, maar een laag cholesterol garandeert niet dat je minder snel een hartaanval krijgt. Sterker nog: met te veel linolzuur heb je daar waarschijnlijk meer kans op, zoals de Lyon Diet Study bewijst.

Overigens bevatten ook vlees, kaas en melk minder omega-3 dan vroeger. Vroeger aten dieren alleen gras en andere groene planten, rijk aan omega-3. Tegenwoordig worden ze vetgemest met maïs, soja en tarwe: granen die rijk zijn aan omega-6 (linolzuur). Ook via zuivel en vlees krijgen we steeds meer linolzuur binnen.

Tot zover de theorie. De praktijk is gelukkig simpel. We moeten de natuurlijke balans tussen omega-3 en omega-6 weer herstellen. Dat betekent meer omega-3 eten en vooral minder omega-6 (linolzuur).

Meer omega-3 (alfa-linoleenzuur, EPA en DHA)

- Doe elke dag een theelepel gebroken lijnzaad in de muesli. Nee, dat is niet alleen voor vage hippies. Moderne managers en stoere sportjongens doen het ook. Die ene theelepel is genoeg. Gebroken lijnzaad kun je kopen in de supermarkt. Veel goedkoper dan dure visoliepillen en net zo effectief.
- Een theelepel lijnzaadolie per persoon kan ook. (Let op: geen lijnolie, daar maak je linoleum van). Lijnzaadolie bestaat voor 55% uit omega-3 (in de vorm van ALA). Het smaakt typisch, dus meng het in een dressing of laat een paar druppels in een smoothie meedraaien.
- Vette vis bevat veel omega-3 (in de vorm van EPA en DHA), maar gezien alle vervuiling is het eten van veel vis toch niet aan te raden. Visoliepillen zijn ook niet vrij van vervuiling en al helemaal niet duurzaam, want om 1 kilo visolie te maken is tussen de 20 en 50 kilo vis nodig. Zonde, want de zee is al bijna leeg.
- Toch liever pillen? Neem dan EPA en DHA uit gekweekte algen. De EPA en DHA uit algenolie is precies hetzelfde als de EPA en DHA uit vis. Maar ze zijn niet verontreinigd en de vis kan lekker in de zee blijven zwemmen. Algencapsules zijn een nieuw fenomeen. Nog lang niet overal verkrijgbaar. Op keetsmakelijk.nl staan een aantal links (bij Omega-3).
- Kies biologische zuivel. Dat bevat meer omega-3, omdat de dieren meer buiten zijn en meer gras eten.

Minder omega-6 (linolzuur)

- Gebruik minder zonnebloemolie, maïsolie en sojaolie. Die puilen uit van de omega-6. Gebruik liever olijfolie. Dat bevat voornamelijk omega-9 vetzuren (geen drukfout, die zijn er ook nog!). Omega-9 is gezond en het verstoort de verhouding tussen omega-3 en omega-6 niet. Olijfolie is er in verschillende soorten en smaken, dus je vindt altijd wel een olie die je lekker vindt!
- Eet meer groene bladgroenten. Vooral in postelein en waterkers zit relatief veel omega-3 (ALA). Wie meer groenten eet, eet meestal ook minder vlees en graan (vol omega-6).
- Roomboter bevat nauwelijks omega-6 en is daarmee een neutrale vervanger van margarine. En met dat verzadigd vet valt het wel mee (zie Vet).
- Mijd junkfood als patat, kroketten, frikandellen. Ook die bevatten veel omega-6.
- Laat je niet klakkeloos verleiden tot nieuwe producten waaraan 'extra omega-3' is toegevoegd, als je niet weet hoeveel omega-6 erin zit.

Tot slot

EPA en DHA worden vaak aangeduid als 'visvetzuren', waardoor het lijkt alsof ze alleen in vette vis of visolie zitten. Ze kunnen het beter algenolie noemen, want daar halen vissen het ook uit! De Universiteit van Wageningen bewees dat EPA en DHA uit algenolie net zo goed werkt als EPA en DHA uit visolie. En het is niet vervuild.

vergewicht

Bijna alle ouders (75%) van een kind met overgewicht, vinden dat hun kind een normaal gewicht heeft. En bijna alle ouders van kinderen die een normaal gewicht hebben, vinden dat hun kind te licht is. Dat zijn de resultaten van een Gronings onderzoek onder 450 ouders.
Zwaar is dus normaal. En normaal is te licht. Veel mensen weten niet meer wat nu eigenlijk een gezond gewicht is.

Bijna de helft van de volwassen bevolking heeft tegenwoordig overgewicht. Daarvan heeft 10% zelfs obesitas (ziekelijke vetzucht). En het wordt steeds erger. De Gezondheidsraad voorspelt dat in 2015 zo'n 15% tot 20% van de volwassen Nederlanders obees zal zijn.

Hier zijn nog wat cijfers. Het gaat op steeds jongere leeftijd mis. In vijfentwintig jaar tijd is het aantal kinderen met overgewicht verdrievoudigd. In 2006 was 14% van de jongens te zwaar en 17% van de meisjes. De stijging van het aantal pubers met obesitas is nog groter. Bij de groep van 15-jarige meisjes steeg het aantal obese kinderen van 0,5 procent (1997) naar 4,7 procent (2004).

Als ouders van een kind met overgewicht niet zien dat hun kind te zwaar is, zullen ze ook geen actie ondernemen. Maar wat betekent dat voor die kinderen, behalve dat ze steeds grotere maten kleren moeten kopen?

Dikke kinderen zijn minder wendbaar en worden vaker gepest. Ze gaan vaker naar de dokter, vanwege schimmelinfecties, diabetes 2, luchtwegproblemen, hoge bloeddruk, kortademigheid en ga zo maar door. Kinderen met obesitas zijn extra kwetsbaar.

Obesitas is geen tijdelijk kwaaltje, maar een ziekte waar de meeste kinderen ook als volwassenen niet meer van afkomen. Om het maar even heel hard en duidelijk te zeggen: deze kinderen zullen korter leven en zieker door het leven gaan, als we niet snel ingrijpen.

Hoe kun je overgewicht voorkomen? Door een vinger aan de pols te houden. Overgewicht ontstaat niet van de ene op de andere dag. Zet je kind niet elke dag op een weegschaal. Doe dat ook niet iedere week. Check twee keer per jaar online met een BMI calculator het gewicht. Typ 'BMI calculator kinderen' in en er verschijnen verschillende sites met een rekenprogrammaatje. Vul leeftijd, lengte en geslacht in en met één druk op de knop bereken je de BMI (body mass index) score van je kind. Meten is weten!

Is je kind te dik? Speel geen verstoppertje. Kijk waar de schoen wringt. Krijgt je kind te veel tussendoortjes? Drinkt hij regelmatig frisdrank? Speelt ze weinig buiten?

Laat je inspireren door *Keet Smakelijk*. Het probleem verdwijnt door fundamenteel anders met eten om te gaan. De recepten, tips en achtergrondinfo helpen je een eindje op weg. Om bewuste en gezonde keuzes te maken. Niet voor een dag of een week, maar voor altijd!

Deel je kennis met andere ouders. Doe het wel tactisch als ze een kind met wat extra pondjes hebben. Want voor je het weet, zit iedereen op de kast. En die kan in veel gevallen dat gewicht ook niet houden.

Portiegrootte

Het is heel simpel. Kinderen die moeilijk eten moet je geen grote porties geven. Want dan zien ze er als een berg tegenop. Je kunt ze beter twee kleine bergjes geven, dan één grote. Pas op wat je vóór het eten geeft: twee glazen sap of limonade geven een klein kind al zoveel brandstof dat de behoefte aan een maaltijd verdwijnt. 'Zo gek, ze heeft nog niks gegeten en toch geen honger.' Ammehoela, tien klontjes suiker heeft ze op!

De andere kant van de medaille: kinderen die altijd (te) veel eten moet je ook niet te veel opscheppen. Want ze eten alles ook echt op. Onderzoek op een jeugdkamp leerde: een bord met 200 gram pasta vinden ze genoeg. Maar als je 400 gram pasta geeft, gaat het ook schoon op. Ze blijken er hetzelfde voldane gevoel aan over te houden.

Dat is ook de Supersize Truc. Mensen eten zonder schuldgevoel 30% meer, als het maar tot dezelfde portie behoort. Daarom zie je ook zoveel duoverpakkingen. Zo eten mensen eerder twee koeken, chocobars, broodjes. Duo = dubbel zo dik. En dat vergeten we vaak.

Je maagreceptoren doen er twintig minuten over om je hersens te vertellen dat ze vol zitten. Dus als je maag vol is, vragen je hersens nog steeds om meer. De zeer gezonde mensen op het Japanse Okinowa-eiland zeggen: 'Hara hachi bu.' Dat betekent: 'Eet tot je 80% vol zit.' En een kwartier later voel je je 100% voldaan. Wie verder eet tot 100% krijgt dat bekende overvolle gevoel: dan ben je eigenlijk 120% gevuld. En dat is een dikke 20% te veel.

De grootte van toetjes doet al helemaal niet ter zake. Het gaat om de traktatie. Koop kleine leuke toetjeskommetjes in 6 vrolijke kleuren met bijpassende lepeltjes. 'Ik wil de oranje!' roepen kinderen, niemand zegt iets over de hoeveelheid. Onze eierdopjes in de vorm van grappige kipjes worden vaak 's avonds ingezet. Zonder ei, met een flinke schep lekkere dikke yoghurt erin. Paar hagelslagjes erop, klein lepeltje erbij. Feest! Een half toetje met de lol van twee.

Scholen

Klasgenootjes hebben een grote invloed op het gewicht van kinderen. Daar sta je dan, met je flesje water, bakje druiven en volkoren boterham met kaas. Als iedereen een pakje mierzoete Flipsy slurpt en een koek of candybar eet, wil jij dat ook!

Wanhoop niet. Slechte eetgewoonten zijn misschien besmettelijk, maar goede ook! Smeed een slim gezondheidscomplot, waarbij je de schoolleiding betrekt. En daarna alle ouders en kinderen. Zo bijvoorbeeld:

Noem de kleine pauze fruitpauze. Duidelijker kan niet. Iedereen (die dit boek heeft gelezen) weet dat kinderen te weinig fruit eten. Hoera, de school helpt! Als alle kinderen fruit eten, is het opeens normaal. Geef wat suggesties. Appel en banaan zijn niet de enige fruitsoorten. Rauwkost zoals kerstomaatjes, wortel en paprika mag natuurlijk. Maar in ieder geval geen vruchtenkoek! Ruilhandel onderling is toegestaan, natuurlijk. Onderzoek liet een mooie bijwerking zien. Kinderen die op school vaker fruit eten, kiezen op andere momenten ook eerder voor fruit. Zelfs als er snoep en koek te krijgen is.

Maak lesmateriaal van je schooltuin. Leer kinderen hoe groenten en fruit groeien. En dat ze nodig zijn voor hun eigen groei. Je eigen oogst opeten is lekker, leuk en leerzaam.

Veel overblijvers verdienen een betere lunch. 'Ach, zo zielig, ze moeten overblijven, geef ze een snoepje, koekje, nee twee!' Natuurlijk zeggen veel kinderen dat overblijven vreselijk is, want dan krijg je snoep en koek. Maar als je komt kijken hebben ze het zo slecht nog niet. Samen een beetje rondhangen, vrij spelen, een beetje kattenkwaad. Hartstikke leuk. Praat ze niks anders aan – en voel je zelf ook niet schuldig. Maar geef ze wel wat fatsoenlijks te eten mee, alsjeblieft.

Maak zichtbaar wat in eten en drinken zit verstopt. Ga met je klas aan de slag en laat ze alle pakjes drinken en tussendoortjes fotograferen met suikerklontjes ernaast. Glas sinas, 7 klontjes. Candybar, 9 klontjes. Laat kinderen, juffen en andere ouders letterlijk zien hoeveel suiker al die dingen bevatten. Leer ze etiketten lezen (bij Etiketten staan alle detective-tips en trucs). Vertel waarom volkorenbrood beter is. Geef uitleg, suggesties en alternatieven. Kennis is macht. Vul je kinderen en hun lunchtrommeltjes met gezond verstand.

Suiker

In 1936 at je 4,5 kilo suiker per jaar. Dat is nu onvoorstelbaar gestegen: tussen de 32 en 83 kilo per jaar. Die 32 kilo rekent de suikerindustrie zelf, 'want we gooien ook koek en frisdrank weg'. Laten we 50 kilo per jaar nemen. Dat is bijna een kilo per week of 137 gram per dag. Jonge kinderen eten gemiddeld 41 gram groente per dag, weet je nog? Suiker zit ook in hartige producten: ketchup, mayonaise, soep, magere pindakaas, worst, vetloze smeerkaas, kant-en-klaarmaaltijden, pizza's enzovoort. Hierdoor krijg je ongemerkt veel meer suiker binnen dan je denkt.

Hoeveel suiker zit er in?

kwark/fruittoetje	125 ml	5 suikerklontjes
eerste fruithapje (peer)	100 ml	6 suikerklontjes
pakje appelsap	200 ml	7 suikerklontjes
glas cola	200 ml	7 suikerklontjes
tomaat/basilicumsoep (poeder)	100 gram	10 suikerklontjes
yogonaise	250 ml	13 suikerklontjes
ketchup	500 ml	45 suikerklontjes
ontbijtgranen	100 gram	9 suikerklontjes

Omdat verpakt eten vaak een flinke dosis suiker bevat, vinden veel kinderen eten en drinken zonder suiker vies. Ze raken verslaafd aan zoet. In de schoolpauze drinken ze liever een pakje chocomel dan een beker melk. Een zoete graanreep is aantrekkelijker dan een volkoren boterham met kaas. Veel ouders geven allerlei koeken en pakjes drinken aan hun kinderen, omdat ze denken dat het gezond is. En het ziet er ook zo vrolijk uit! Maar zo worden onze zoetekauwtjes nog veel zoeter.

Wie minder suiker eet is minder snel moe door een betere energiehuishouding, heeft minder snel honger, krijgt minder calorieën binnen, maakt minder snel vet aan en is minder vatbaar voor schimmelinfecties. Suiker is jammer genoeg verslavend. Tijd om je kinderen af te laten kicken.

Haal zo min mogelijk frisdrank in huis, dat staat bol van de suiker.

Zo komt je kind ook niet in de verleiding. Uitzonderingen als een verjaardag of een etentje bevestigen de regel.

Producten met kunstmatige zoetstoffen zijn geen oplossing, want het verlangen naar zoet neemt hierdoor niet af. Je calorieklok wordt bovendien in de war gebracht en het hongergevoel verdwijnt niet.

Geef kinderen water, thee of melk. Af en toe een glas diksap. Maak lekkere smoothies met vers fruit en leg een uitgebreide verzameling theesoorten aan, zodat je altijd verschillende smaken in de aanbieding hebt. Geef je peuter geen fles met diksap, waar ie vervolgens de hele dag aan kan lurken. Gewoon een flesje met water is de beste dorstlesser. Pas op met 'verantwoorde' tussendoortjes. Check ook even het etiket van die cornflakes bij het ontbijt. Er zit vaak heel veel suiker in verwerkt en dan doe je er zelf ook nog een schep bij!

Kook zoveel mogelijk zelf. Inderdaad, dat is een voorspelbare mededeling in een kookboek. Maar wel een slimme en efficiënte manier om je dagelijkse portie suiker (en zout en E-nummers en lege calorieën) te reduceren. Ga lekker truttig achter het aanrecht staan en hak vers eten in de pan. Fluit er een vrolijk liedje bij. Je bent goed bezig!

Tanden

Sinds 1970 is het aantal gaatjes sterk verminderd. Door beter poetsen en fluortandpasta. Voordat je gaat juichen: nu krijgen onze kinderen tanderosie – en dat is misschien wel erger. Het tandglazuur lost op en het komt nooit meer terug.

Een gaatje is duidelijk: een zwart gaatje. Tanderosie zie je niet, dat is een sluipende sloper. Tandartsen signaleren regelmatig kinderen van 14 jaar met het gebit van een 80-jarige. Hoe kan dat zo snel slijten?

Door zuur. We hebben steeds meer eet- en drinkmomenten gekregen. En veel meer zure voedingsmiddelen: frisdranken, vruchtensappen, drankjes met koolzuur, winegums en zure matten. Dat mooie, keiharde glazuur wordt tijdelijk zacht door die zurigheid. Als je dan braaf gaat poetsen, schuur je het langzaam weg.

Wat kun je doen om tanderosie te voorkomen? Niet meer dan zeven keer per dag eten of drinken. (Dat lijkt best veel, maar we eten en drinken nog veel vaker). Naast de maaltijden zijn dat maximaal vier tussendoortjes. Prikloos water, thee zonder suiker en een glaasje melk mogen altijd. Van al die lekkere zure dingen kun je beter een uitzondering maken. Drink zure dranken liefst koud en met een rietje, dan is het contact met de tanden zo minimaal mogelijk. En geen eeuwen doen over een glas cola!

Of een fles diksap geven aan een peuter, die de hele dag aan zo'n zuigfles lurkt.

Wacht minstens een uur met tandenpoetsen als je zure dingen hebt gegeten. Geef je kinderen geen appel vlak voor het slapen gaan. Een stukje kaas of een slokje melk helpen het zuur neutraliseren. Goeie truc.

Gaatjes komen minder voor, maar je moet ze nog steeds in de gaten houden. Het zijn maar melktanden, denk je misschien. Maar gaatjes in melktanden en kiezen zitten vol met bacteriën en die lopen vrolijk door naar het blijvende gebit. Ook daar groeien dan de gaatjes. Er kan ook ruimtegebrek ontstaan als tanden of kiezen vroegtijdig getrokken moeten worden. Dan is de kaak te klein voor de nieuwe grote-mensen-tanden. Zegt onze tandarts Klaas. Die het kan weten.

Transvet

Recent onderzoek laat zien dat 10% van de Nederlandse kinderen tussen de 4 en 6 jaar te veel transvet eet (RIVM 2008). Veel mensen weten dat niet, want er wordt opvallend weinig verteld over transvet.

Is dat erg? Ja, want transvet is heel erg ongezond. Volgens sommige schattingen heeft transvet wereldwijd een miljoen hartaanvallen veroorzaakt. Het is gerelateerd aan vetzucht, astma bij kinderen en een laag geboortegewicht. Zo kunnen we nog even doorgaan, maar dat is niet zo gezellig.

Transvet wordt gemaakt door goedkope plantaardige vloeibare olie te verhitten en er waterstof aan toe te voegen. Hierdoor veranderen de moleculen en ontstaat stevig transvet. Dit 'plastic' vet is makkelijker te verwerken in allerlei producten. En ook nog super lang houdbaar. Voor de voedingsindustrie was deze technisch slimme uitvinding ooit goud waard.

Hoewel er al twijfels over transvet waren in 1956, hebben twee Nederlandse wetenschappers pas in 1990 de schadelijke werking van transvet hard aan kunnen tonen. Sindsdien zijn fabrikanten de hoeveelheid transvet in hun producten spoorslags gaan reduceren. Zo werd in 2002 de Taskforce Transvetzuren opgericht, die een jaar later werd omgedoopt in de Taskforce Verantwoorde Vetzuursamenstelling.

Transvet heeft in enorm veel bewerkte producten gezeten.

Vooral margarine stond er bol van. Het transvetgehalte in het vet kon oplopen tot wel 50%. Hoewel kunstmatig transvet nu in veel mindere mate voorkomt, is het anno 2009 nog steeds niet verdwenen. Transvet zit nog steeds in chips, koekjes, bitterballen, kant-en-klaarmaaltijden, pizza's, cake, vast frituurvet, etc.

Die kleine beetjes samen tikken aan. Het is ook niet voor niks dat de Gezondheidsraad stelt dat maximaal 1% van onze dagelijkse energieopname uit transvet mag komen en dat het nog veel beter is dit getal tot 0% te reduceren.

Nooit van transvet gehoord? Klopt, het wordt niet aan de grote klok gehangen. Waarschijnlijk schamen fabrikanten en voorlichters als het Voedingscentrum zich een beetje. Ze hebben jarenlang echte boter zwartgemaakt, terwijl margarine al die tijd vele malen ongezonder was. Dat is natuurlijk niet leuk voor ze. Voor ons ook niet, trouwens.

Ook nu nog weten weinig mensen wat transvet precies is en waar het in zit. In Nederland mag transvet officieel niet op het etiket worden vermeld. Het Voedingscentrum (slogan: 'eerlijk over eten') meldt ons desgevraagd: 'Consumenten kennen het begrip

Transvet

transvet niet. Als vermelden wordt toegestaan, is ook een flinke dosis voorlichting nodig bij de consument.' Je zou denken dat het Voedingscentrum sinds 1990 ruim de tijd heeft gehad om voorlichting te geven over transvet. Nou ja, dan doen wij het wel.

We hebben een paar tips op een rijtje gezet. Zo kun je kunstmatig transvet vermijden:

Check het etiket. Dit klinkt misschien vreemd, aangezien transvet in Nederland niet officieel op het etiket mag worden vermeld. Maar als je 'gedeeltelijk gehard vet' of 'gehydrogeneerde plantaardige olie' op het etiket ziet staan, weet je dat het mis is. Hoe hoger deze termen op de ingrediëntenlijst staan, hoe slechter het voor je gezondheid is.

Eet geen kant-en-klaarmaaltijden. Ook daarmee voorkom je weer wat transvet in je dieet.

Frituur in vloeibaar vet. Hard frituurvet stikt van het transvet. Vraag in een snackbar of ze verantwoord frituren en check of ze zijn aangesloten bij de campagne Verantwoord Frituren, herkenbaar aan een groen rond stickertje met daarin een witte puntzak. Je kunt ook kijken op internet: friturenindehoreca.nl.

Check de NEVO-tabel van het Voedingscentrum, een soort telefoonboek met gegevens van alle producten. Die informatie kost bewuste ouders bijna 40 euro (en het milieu bijna 1,5 kilo papier). In het kader van 'eerlijk over eten': mag iedereen de NEVO-tabel voortaan gratis online bekijken? Super!

Voor de volledigheid melden we dat in melk een natuurlijke vorm van transvet zit. Met een andere moleculaire structuur, die juist een positieve werking heeft (een voorloper van CLA, waarvan men veronderstelt dat het kankerbestrijdende eigenschappen heeft). Het Voedingscentrum vindt het 'niet nodig om onderscheid te maken tussen natuurlijk en synthetisch transvet.'

Tot slot: wij denken dat de geschiedenis van transvet veel meer aandacht verdient. Het laat glashelder zien dat de waarheid over eten soms pas na een eeuw bovenkomt. In een dieet vol knutselvoer, hulpstoffen, zoetstoffen en landbouwgif moeten we daar heel snel lering uit trekken. Om professor M.B. Katan in het *Nederlands Tijdschrift voor Geneeskunde* te citeren:

'Uit de opkomst en ondergang van de transvetzuren valt een aantal lessen te trekken. In de eerste plaats wordt duidelijk dat een geschiedenis van ogenschijnlijk veilig gebruik geen garantie vormt voor de veiligheid van een voedselcomponent. Schadelijke effecten van een voedingsmiddel blijven onopgemerkt als zo'n middel veelvoorkomende ziekten met een lange incubatietijd veroorzaakt, zoals hart- en vaatziekten. [...] Dergelijke effecten komen alleen aan het licht door systematisch wetenschappelijk onderzoek.'

Dat legt volgens *Keet Smakelijk* een zware verantwoordelijkheid bij de bedenkers en producenten van al die lucratieve stoffen. Daarnaast vraagt het om een actievere, objectievere overheid, die echt durft in te grijpen en de gezondheid van de burger voor alles stelt:

'Het Deense verbod op transvetzuren bracht de eliminatie daarvan wereldwijd in een stroomversnelling. Te wensen valt dat ook de Nederlandse overheid betere regels maakt (en handhaaft) voor de samenstelling en aanprijzing van voedsel. Momenteel wordt dit te veel overgelaten aan de Europese Unie, die traag is en gevoelig voor commerciële lobby's. Ook de markt lost onze voedingsproblemen niet op – de eliminatie van transvetzuren uit het voedsel was een uitzondering, niet de regel.' (M.B. Katan, *Nederlands Tijdschrift voor Geneeskunde*, 2008).

Helemaal mee eens. Zolang de wetenschap nog niet klaar is met al dat systematische onderzoek en onze regering achter de feiten aanhobbelt, stellen wij voor zelf het heft in handen te nemen. Geef je gezin vers en eerlijk eten. Ga aan een lange tafel zitten, geniet en maak lol!

Percentage transvet per 100 gram:

frituurvet vast	9,4
kroepoek	9,2
bamibal	7,4
pasteibakje	5,1
spritsstukken	4,9
voorverpakte cake	3,1
koekjes suikervrij	3,3
zoute biscuit	3,0
kroket	2,8
bami goreng blik	2,6
voorverpakte koekjes (gemiddeld)	2,5
croissant	2,0
bitterbal bereid in oven	2,0
frites bereid met hard vet	1,9
kipnuggets bereid in frituurvet	1,6
creamcrackers	1,6
stroopwafel	1,6
knäckebröd sandwich Wasa	1,5
bami goreng diepvries	1,4
milky way	1,4
kipnuggets bereid in oven	1,3
mars	1,3
twix	1,2
frituurvet vloeibaar	0,8
frites bereid met vloeibaar vet	0,5
ovenfrites	0,3

(bron: NEVO-tabel van het Voedingscentrum, 2006)

Tuinieren

Om kinderen wat meer voor groente en fruit te motiveren, kun je ze samen gaan kweken. Dan zien ze courgettes of snijbonen niet langer als rare dingen zonder merk of logo.

Geen tuin is geen bezwaar. Op een balkon groeit ook van alles. Maak er meteen een leuk uitje naar bloemist of tuincentrum van. Koop een gieter, een schepje, tuinaarde of potgrond. Gezellig samen uitkiezen wat er geteeld gaat worden. Zaadjes en plantjes, het kan allemaal. Wortels, spinazie, sperziebonen, tomaten, radijs en aardbeien. Bloemen van de Oostindische Kers zijn eetbare versiersels op je zelfgeteelde sla, voor de wat uitzinniger types onder ons.

Je eigen aardbei of tomaat oogsten en opeten op een bruine boterham. Wortels van eigen teelt uitdelen aan je vrienden. Dat maakt groenten een stuk leuker en sympathieker. En het smaakt opeens ook ergens naar.

Ook fantastisch als er in de schooltuin allerlei eetbaars wordt gekweekt. Een betere biologieles is er niet. Zeker als je kinderen daarna vertelt wat al die bouwstoffen en vitaminen in je lichaam doen (zie School).

Als je echt de smaak te pakken krijgt: via internet kun je allerlei mysterieuze 'vergeten' groenten bestellen op vergetengroenten.nl. Herontdek gewassen die we in de middeleeuwen aten, maar (bijna) vergeten zijn. Ze hebben bizarre namen als aardbeispinazie, oerkomkommers, boksbaard en boerentenen. Lekker en spannend om te kweken. En nog veel spannender om op te eten. Eventueel opgediend met een zelfgemaakt fantasieverhaal. Hoe deze Boerentenen van Groningen naar Limburg liepen...

Uitje

Doordat de meeste kinderen veel binnen zitten, verliezen ze een beetje het contact met de natuur. Een worm is opeens enger dan een horrorserie op televisie. Ze moeten kotsen als ze een paardenstal ruiken. Dan weet je: de kids moeten wat vaker naar buiten. Neem ze mee naar de onoverdekte wereld. Zonder stopcontacten, flitsende beelden, ratelende apparaten en voorgekauwde hapjes.

Zoek kikkervisjes in de sloot en zie hoe ze uitgroeien tot kikkers. In september kun je bij fruittelers in het hele land appels plukken. Maak er thuis een appeltaart of appelmoes van. Je kunt ook peren plukken en walnoten rapen. Of meerijden op een grote boerenkar en het oogstfeest van pompoenen meemaken. Zo sla je twee vliegen in één klap: je bent lekker met z'n allen buiten en het is een leuke manier om kinderen bij eten te betrekken. Op lekkerbelangrijk.nl staat een actueel overzicht van de allerlekkerste uitstapjes in Nederland. Je kunt zoeken op provincie, datum en activiteit. Ieder weekend is er wel iets te beleven.

Er komen ook steeds meer boerderijwinkels waar je heerlijke streekproducten kunt kopen. Niet alleen melk en eieren, maar ook brood, kaas, jam, groente, fruit en honing. Kinderen kunnen rondkijken op de boerderij en zien waar het eten vandaan komt. Superleuk is de eerste weidegang in het voorjaar, zorg dat je erbij bent. Na een winter op stal zie je dolblije koeien van 800 kilo met wilde bokkensprongen de wei in rennen. Dan zie je dat dieren echt het liefst buiten zijn!

Picknicken is ook een slim plan om je kinderen naar buiten te lokken. Of neem hun vriendjes en vriendinnetjes mee op survivaltocht door het bos. De plaatselijke legerdump heeft vaak onmisbare spullen, zoals camouflagestiften en koppelriemen met tasjes voor noodproviand.
Onderweg optredende honger maakt de vreemdste snijbonen zoet. Denk ook aan: dauwtrappen in de ochtend, sterren kijken in de nacht of met een roeiboot naar een verlaten eilandje gaan.

Niets is zo ontspannend als de natuur in gaan. Helaas is ook niets zo inspannend als je kinderen de deur uit krijgen. Maar zodra ze eenmaal met die vlieger op het strand lopen, hoor je ze niet meer. Een goede storm is ook niet te versmaden. Grote golven kijken op het strand. IJskoud en doorweekt pannenkoeken eten op de terugweg. Okee, wel nat, maar ook leuk. En je leert de verwarming thuis weer waarderen.

ariatie

Variatie staat zelden op ons menu. Jammer, want variatie is erg lekker. Dat geldt voor meer dingen, maar vooral voor eten. De meeste gezinnen blijken een paar favoriete gerechten te hebben, die altijd weer terugkeren. Ondanks alle kookprogramma's proberen mensen niet snel iets nieuws. Tijdgebrek zeggen de meesten, maar het blijkt dat ze vooral bang zijn om te falen. Nergens voor nodig. Soms worden dingen zelfs lekkerder, als je ze niet volgens de regels maakt.

In de dagelijkse drukte vergeet je al snel dat er wel honderd soorten groenten zijn. Dus iets meer dan de drie soorten die we telkens weer kopen. De salade die je laatst in het Italiaanse restaurant at, kun je zelf ook maken. Het posteleinrecept van je oma: maak het eens na. Peuter het couscousrecept van je buurman los. En verder is er natuurlijk internet, waar de hele wereld recepten uitwisselt.

Veel meer variatie is niet alleen lekker voor je tong, maar ook voor je gezondheid. Broccoli bevat andere vitaminen dan een snijboon. En de vetzuren in boter zijn anders dan die van olijfolie. Je hebt ze allemaal nodig en ze smaken allemaal anders. Als je varieert, is de kans het grootst dat je kinderen alle voedingsstofjes binnen krijgen die ze nodig hebben.

Variatie verkleint bovendien de kans op voedselintolerantie. Te veel van hetzelfde kan namelijk allerlei vervelende allergische reacties geven. In ontzettend veel producten is bijvoorbeeld tarwe verwerkt (pasta, brood, pannenkoeken, koekjes). Hierdoor ontwikkelen steeds meer kinderen een overgevoeligheid voor tarwe. Dat kun je voorkomen door regelmatig voor een andere broodsoort te kiezen, zoals roggebrood, maïsbrood of meergranenbrood. In plaats van tarwemeel kun je pannenkoekenbeslag ook eens met speltmeel maken. Zo simpel is het om te variëren. En niet vies, maar lekker.

Fruit is bij de meeste mensen een appel, banaan of sinaasappel. Soms wat druiven en (doe gek) een kiwi. Geef je kinderen een wat rijkere oogst. Ze zijn er vaak dol op – en anders worden ze het wel. Kinderen vinden het heerlijk om lychees te ontleden. Granaatappels zijn eetbare robijnen. Watermeloenen zijn waterijsjes uit de natuur. Geef ze bakjes met bramen, bessen, abrikozen, pruimen en kersen. Dat is het aardige van natuurlijke tussendoortjes; ze zijn elk seizoen anders.

Borrelhapjes idem dito. Kinderen zijn helemaal niet zo eenkennig. Overal waar we komen, worden olijven onder onze vingers vandaan gestolen door die kleine jatmauzen. Vooral zwarte, maar

groene olijven met amandel en ansjovis eten ze ook. Noten vinden de meeste kinderen heerlijk. Als het kan in de natuurlijke verpakking. Dat is eten en spelen tegelijk! Pistachenootjes knakken of walnoten kraken. Een grote zak met pelpinda's. Geen spatje zout, een halfuur pellen voor een handjevol pinda's en veertien keer zo lekker. Dat is pas goed voorverpakt spul!

Gewoon één keer per week iets nieuws proberen als je meer wilt variëren. Maak je kinderen nieuwsgierig naar nieuwe smaken, dan wordt het spannend in plaats van eng. Samen ruiken aan kruiden op de markt, zelf een bijzonder kaasje uitkiezen bij de kaasboer, laat ze voorproeven tijdens het koken. Variëren is experimenteren en dat vinden kinderen vaak veel leuker dan wij. Geef ze een bakje, om een eigen slasausje te componeren. Met kruiden, olie, azijn en sinaasappelsap. Dikke pret en een goeie oefening voor de smaakpapillen. Falen mag - maar wel met een lach!

Vegetarisch

Steeds meer Nederlanders zijn parttime vegetariër en dat bevalt ze prima. Een paar dagen per week geen vlees of vis eten blijkt makkelijk en lekker. Vooral als je het doet zoals in mediterrane landen. Daar doen ze de gekste dingen met groenten. Ze kunnen zelfs een erwt op tien verschillende manieren bereiden. Verder zijn ze best macho, de mannen tenminste.

De hoeveelheid vlees die Nederlanders tegenwoordig eten, is gigantisch. Zelfs in vergelijking met onze Oosterburen. Wij aten 86 kilo vlees in 2008 en de Duitsers - met al hun bratwursten - 59 kilo. Ook historisch gezien eten we tegenwoordig veel vlees. Vroeger was het schaars en duur. Zelfs rijke mensen aten niet dagelijks vlees of vis. Vegetarisch eten is dus geen nieuwlichterij van een stel hippies, maar eigenlijk heel gewoon.

Is vegetarisch niet onnatuurlijk? Mensen zijn namelijk omnivoren. Kikkers, insecten, haver, gort, geitenvlees, koeienbloed, broccoli, tomaat, honingraat. We kunnen het allemaal eten. Dat betekent niet, dat je alles ook per se moet eten. De meeste mensen eten geen mensenvlees. Eskimo's overleefden prima zonder groenten en fruit. Moslims eten geen varkensvlees. Vegetariërs eten helemaal geen vlees, maar meestal wel eieren, kaas en melk. Je hebt ook veganisten. Die eten niks dat van dieren komt.

Minderen met vlees heeft ook een andere bijwerking, namelijk dierenwelzijn. Jagers noemen we wreed, maar eerlijk is eerlijk: ze eten wel scharrelvlees en geen anoniem stukje barcodebeest uit de bio-industrie. Daar leiden varkens, kippen, koeien en kweekzalmen geen feestelijk bestaan. Ze hebben geen daglicht en geen ruimte en worden in zo kort mogelijke tijd vetgemest. Iedereen die in de bio-industrie werkt zegt: 'Je moet er niet bij nadenken, anders kun je dit werk niet doen.' Veel mensen die razend worden van dierenmishandeling, kopen wel zonder blikken of blozen kiloknallervlees bij de supermarkt. Beetje vreemd, als je er bij nadenkt.

Kies op de dagen dat je wel vlees eet voor biologisch vlees. Het liefst van dieren die zijn grootgebracht op gras. Dat is duurder, maar ook veel lekkerder en gezonder. Als je minder vaak vlees eet, hou je meer geld over voor scharrelvlees. Voordeel!

Op een dag hoor je: 'Help, mijn kind wordt vegetariër. En mijn man wil meedoen.' Relax. Wie gevarieerd vegetarisch eet, krijgt alles binnen. Ook kinderen kunnen prima groeien op een vegetarisch dieet. Het is zelfs supergezond. Een paar punten moet je echter goed in de gaten houden, de veganisten voorop:

Vitamine B12. Komt alleen in dierlijke voeding voor. Het zit in vlees en vis. Maar ook in eieren, melk, kaas, yoghurt, kwark.

Als je zuivelproducten en eieren eet, krijg je voldoende B12 binnen. Veganisten moeten een supplement nemen.

Vitamine D. Zorgt voor sterke botten. Zit in vette vis en wordt toegevoegd aan voedingsmiddelen, zoals bak- en braadproducten. De belangrijkste bron van vitamine D is zonlicht. Dagelijks twintig minuten zon op je hoofd en handen (of je hele lijf) is voldoende. In de winter is er weinig zon. Extra vitamine D via een supplement is dan een alternatief. Een vliegreis boeken naar een tropisch eiland kan natuurlijk ook. Opeens is iedereen vegetariër.

Jodium. Is belangrijk voor een goede groei, de ontwikkeling van het zenuwstelsel en de stofwisseling. Jodium zit vooral in vis en zeewier. Het wordt standaard aan het meeste brood toegevoegd. Maar biologische bakkers gebruiken meestal zeezout. Eet je weinig vis en/of voornamelijk biologisch brood? Gebruik dan gejodeerd zout. Een stukje kombu meekoken in de soep kan ook (zie p. 57). Kombu is een zeewiersoort die veel jodium bevat en een neutrale smaak heeft.

IJzer. Voorkomt bloedarmoede. In dierlijke producten (vlees, vis, gevogelte, eieren) zit heemijzer. Dat wordt makkelijker opgenomen dan non-heemijzer uit planten (graan, bonen, peulvruchten, bladgroenten). Maar in combinatie met vitamine C lukt dat wel. Een boterham met appelstroop en een glas sinaasappelsap is bijvoorbeeld een slimme manier om de ijzeropname te bevorderen.

Als je gewend bent veel vlees te eten, schakel dan rustig een tandje terug. Begin met één of twee vegetarische dagen. Als het bevalt, kun je er eventueel meer van maken. Met de recepten in dit boek kom je een aardig eind.

Vet

Er zijn veel misverstanden over vet. We lazen dat één op de drie 'gewone' Amerikanen denkt dat een dieet met 0% vet gezond is. Niet waar. Om gezond te blijven, moet je voldoende vet eten: ongeveer 1/3 van de dagelijkse energie-inname. Kinderen hebben relatief meer vet nodig dan volwassenen, omdat ze nog groeien. Je wordt niet dun door vet te schrappen. Verwijder liever suiker en snelle koolhydraten uit je dieet, daar blijf je een stuk slanker bij.

Veel professionals hebben het vet in zwart en wit verdeeld. Je hoort meestal: verzadigd is slecht en onverzadigd vet is goed. Het Voedingscentrum heeft een ezelsbruggetje bedacht: Onverzadigd Vet = Oké, Verzadigd Vet = Verkeerd. Aardig geheugensteuntje, maar de laatste inzichten zijn iets genuanceerder.

Onverzadigd vet

Onverzadigd vet is vloeibaar bij kamertemperatuur. Er zijn enkelvoudig onverzadigde vetten en meervoudig onverzadigde vetten.

Enkelvoudig onverzadigde vetten zijn belangrijk voor je hersens, zenuwstelsel, immuunsysteem en hart. Goede bronnen zijn olijfolie, hazelnootolie, avocado's, amandelen, pecannoten, pistachenoten, cashewnoten en hazelnoten.

Meervoudig onverzadigde vetten zijn omega-3 en omega-6 (linolzuur). Het zijn zogenaamde essentiële vetzuren. Je lichaam kan ze niet aanmaken. Ook de verhouding tussen omega-3 en omega-6 lijkt cruciaal voor je gezondheid. Tegenwoordig eten we veel te veel omega-6 (linolzuur). Lees er meer over in het hoofdstuk Omega-3.

Een ander onverzadigd vet is door de industrie bedacht: kunstmatig transvet. Het is heel erg ongezond en het zat tientallen jaren rijkelijk in onze margarine en halvarine. Sinds 1990 wordt het zoveel mogelijk vermeden, maar het komt nog steeds voor. Lees er meer over in het hoofdstukje Transvet.

Er is ook natuurlijk transvet van dierlijke oorsprong. Daarvan zit bijvoorbeeld een heel klein beetje in melk. Dat natuurlijke transvet heeft een andere moleculaire structuur dan kunstmatig transvet. Wetenschappers vermoeden dat natuurlijk transvet juist kankerwerende eigenschappen heeft.

Verzadigd vet

Verzadigd vet is hard bij kamertemperatuur. Roomboter, vlees, volle melk en kaas bevatten relatief veel verzadigd vet. Deze 'harde' vetten staan in een slecht daglicht. Zo stelt het

Voedingscentrum: 'Verzadigd vet = Verkeerd. Het verhoogt het cholesterolgehalte in het bloed. Dat vergroot de kans op hart- en vaatziekten.' Het Voedingscentrum adviseert daarom al 50 jaar om geen roomboter op je brood te smeren en in plaats daarvan margarine of halvarine te gebruiken.

Daar wordt nu toch ernstig aan getwijfeld. Een groep vooraanstaande wetenschappers heeft een halve eeuw onderzoeken naast elkaar gelegd. Wat blijkt? Het verband tussen verzadigd vet en hartziekten is nooit fatsoenlijk aangetoond. Maar producenten en voorlichters durven dat niet hardop te zeggen. Er staan tenslotte grote belangen op het spel en niemand lijdt graag gezichtsverlies.

Deze nieuwe inzichten worden echter door steeds meer wetenschappers in onafhankelijke onderzoeken bevestigd. In 'De Cholesterol Mythe', een artikel van wetenschapsjournalist Melchior Meijer, lees je het hele verhaal in een notendop. Je kunt het online vinden.

Verzadigde vetzuren zorgen dat je cellen, hart en spieren goed functioneren. Ze hebben een antivirale en antibacteriële werking, waardoor je immuunsysteem sterker wordt. Het is even wennen na jarenlange bangmakerij: verzadigd vet is belangrijk voor je gezondheid! Je moet er alleen niet te veel van eten: maximaal 10%.

Wat onverzadigd vet betreft: eet vooral niet te veel linolzuur (omega-6) ten opzichte van omega-3, want dan wordt het niet opgenomen. De gezonde verhouding is 1:3. Meer tips en informatie vind je in het hoofdstukje Omega-3.

Smeer liever een bescheiden laagje roomboter op je brood dan margarine of halvarine. Gebruik olijfolie en eet verschillende soorten noten.

Zowel verzadigde vetten als onverzadigde vetten zijn belangrijk voor een goede gezondheid. Het ezelsbruggetje van het Voedingscentrum hebben we daarom een tikje gemoderniseerd:
Verzadigd Vet = Helemaal Niet Altijd Verkeerd,
Onverzadigd Vet = Helemaal Niet Altijd Oké.

Vezels

Er zitten veel vezels in frambozen, appelstroop en pure chocola. Denk niet dat vezels taaie harde stukjes zijn, die naar hout of karton smaken. Vezels zitten in noten, fruit, peulvruchten en natuurlijk in volkorenproducten. Vlees, vis en zuivel bevatten gegarandeerd geen vezels.

We hadden een mooi schema van hoeveel vezels een mens moet eten, maar de poepscore is veel makkelijker. Wie voldoende vezels eet, poept dagelijks minimaal één keer. Wil je weten wat je score is, doe dan de maïstest. Kinderen vinden dat geweldig. Ouders vaak wat minder.

Knaag een flinke maïskolf af. Maïs is knalgeel en het buitenste laagje is vrijwel onverteerbaar. Dat valt dus wel op in een bruine drol. Schrijf op een groot papier hoe laat je de maïs hebt gegeten. Hang dat papier op de wc. Maïs gegeten: dinsdag 18:13. Maïs teruggezien: ..... om ...:... .
Vergeet niet je naam er achter te zetten. Als je de gele stukjes ziet, weet je hoe laat het is. Doet je spijsvertering er langer dan 24 uur over, dan moet je waarschijnlijk meer vezels eten.

De poeptest klinkt vies, maar weet je wat viezer is? Eten dat een paar dagen in je lichaam zit, gaat rotten en gisten. Vezels helpen dat voorkomen. De makers van een Engels televisieprogramma lieten twee vrachtwagenchauffeurs een pil met een zendertje inslikken. Zo konden ze meten hoe lang eten in het lichaam van de chauffeurs bleef. De resultaten waren verbluffend. Als de chauffeurs vette uitsmijters, snacks en koeken aten, duurde het tussen de 22 en 42 uur voordat het eten er uit was. Na 10 dagen vezelrijk dieet werd dat tussen de 10 en 13 uur. Twee tot drie keer sneller!

Let dus op de vezels in je eten. Bruin brood wordt soms gemaakt van bijgekleurd wit meel, dus koop echt volkorenbrood. Hele vruchten bevatten veel vezels, met schil nog meer. Gedroogde vruchten zitten vol vezels. Maar vruchtensap is vezelloos. Rauwkost en salades: ook prima. En alle bonen en peulvruchten.

Stel je voor. Als iedereen voldoende vezels eet, hoeven we nooit meer reclames te zien van vrouwen die speciale yoghurt eten omdat ze niet naar de wc kunnen.

Vis

Vis is in de mode. Er zit bijvoorbeeld omega-3 in, het troetelingrediënt van dit moment. En nog wat andere gezonde dingen. Top! Maar toen we wat dieper in de wondere wereld van vis doken, ontdekten we een addertje onder water. Vis is stukken minder schoon dan we dachten. We vroegen ons zelfs af of we de visrecepten niet weg moesten laten. We hebben ze laten staan, omdat er ook veel gezonde dingen in vis zitten. Maar het verhaal achter vis moet je echt weten, als je zo veilig mogelijk vis wilt eten.

De oceaan is zo groot, dat je je niet voor kunt stellen dat overal gif zit. En met al dat water wordt het toch zo verdund? Maar na een eeuw van lozingen door tienduizenden fabrieken en de petrochemische industrie, plus de lozingen van miljarden mensen, is het zover: de zee is een grote afvalbak geworden. Er is geen ontkomen aan. Het Voedingscentrum zegt: 'Vis kan schadelijke stoffen bevatten.' Dat klinkt een stuk milder dan de pijnlijke waarheid: *Alle vis bevat schadelijke stoffen*. Recent onderzoek laat zien dat de consumptie van slechts 100 gram (!) vis per week zorgt voor 40-50% van alle dioxines en PCB's die we binnen krijgen.

Vissen zwemmen vrolijk rond tussen gevaarlijke stoffen. Behalve die PCB en dioxine ook antibiotica, landbouwgif, broombrandvertragers, cadmium en het uiterst schadelijke methylkwik. Vissen slaan al die stoffen op in hun vet. Roofvissen als tonijn, zalm en zwaardvis eten veel andere vissen, dus die verzamelen extra veel chemische stoffen.

Als wij vis eten, blijven al die PCB's en dioxines weer in ons vet achter. Helaas komen ze via placenta en borstvoeding ook in je baby terecht. Deze stoffen verstoren de schildklierwerking. Dat kan gevolgen hebben voor de hersenontwikkeling van baby's. Wetenschappers noemen doofheid, een lager IQ en ADHD. Ook methylkwik schaadt de hersenen en het zenuwstelsel van het ongeboren kind. Daarom wordt zwangere vrouwen afgeraden tonijn of andere roofvissen te eten.

Die grote vervuiling van vis is geen milieuhippiepaniek, maar wetenschap. In een publicatie in het gezaghebbende blad *Science* stellen de onderzoekers broodnuchter: Als je de optelnormen van de Environmental Protection Agency gebruikt, mag je niet vaker dan één keer per maand Schotse kweekzalm eten. Bovendien weet niemand precies wat al die stoffen in combinatie aan kunnen richten.

De Europese Voedselautoriteit (EFSA) zegt dat veilige methylkwik-

Vis

waarden voor jonge kinderen en vruchtbare vrouwen (nog) niet te bepalen zijn. Er is wel een maximale hoeveelheid voor PCB's en dioxines vastgesteld die je per kilogram lichaamsgewicht per dag mag binnen krijgen - voor volwassenen. Maar wij willen graag weten of ons visje of visoliepilletje okee is! Hoe weten we nu of we onder die vastgestelde grenswaarde blijven?

Dat is moeilijk te controleren. Elke wilde vis is anders. Kweekvis wordt gevoerd met vismeel en visolie die gemaakt is van... wilde vis. Voor één kilo kweekzalm is zo'n drie tot vijf kilo wilde vis nodig. Kweekzalm krijgt ook nog antibiotica, omdat er 50.000 stuks in een zwembad van 15 bij 15 bij 20 meter drijven. Plus wat E-nummers voor een gezellig roze kleurtje.

Het Voedingscentrum en de Gezondheidsraad adviseren twee keer per week vis, 'omdat de voordelen opwegen tegen de nadelen'. Daarmee doelen ze op de omega-3 vetzuren EPA en DHA, die veel mensen tekort komen.

Maar EPA en DHA kan je lichaam ook zonder vis aanmaken. Met de juiste voeding, waarbij een matig gebruik van linolzuur (omega-6) van groot belang is. Daarnaast zijn er ook algenpillen die EPA en DHA bevatten, met olie uit schone, gekweekte algen (lees er meer over in het hoofdstukje Omega-3). Daarvoor hoef je dus echt geen vis te eten.

Gezien de vervuiling, het stapeleffect van alle gifstoffen en het ontbreken van duidelijke normen voor kinderen, zien wij voldoende redenen om 'twee keer per week vis' ernstig in twijfel te trekken. Mits je bewust eet.

Als je vis echt niet wil missen, eet het dan af en toe. Op onze website vind je meer informatie over de specifieke voor- en nadelen van bepaalde vissoorten, zodat je hopelijk een weloverwogen keuze voor jezelf en je kinderen kunt maken.

Een sip verhaal, dat geven we onmiddellijk toe. Beetje de 'inconvenient truth' over vis. Milieuvervuiling is ingrijpender dan we denken. De feiten vragen om een veel actiever milieubeleid, willen we de schade beperken.

Tot slot: als je dan een visje koopt, let op het MSC-label voor verantwoorde vangst. Anders is er straks geen vis meer over. Zelfs geen vervuilde vis...

Vitamines

Vitamines, je kent ze wel. Stoffen die nodig zijn voor groei, herstel en goed functioneren van het lichaam. Je moet ze eten, want het lichaam maakt ze zelf niet (of te weinig) aan. Sinds 1906 zijn er dertien vitamines ontdekt. Negen zijn in water oplosbaar (alle B-vitamines en C) en vier in vet (A, D, E en K).

Vitamines komen voor in de levende natuur. Ze kunnen door sommige planten of dieren zelf gemaakt worden. Mineralen komen uit de dode natuur (zie Mineralen).

De meeste vitamines vind je in groente en fruit. Daarvan eten kinderen veel te weinig. Dan lijkt een vitaminepil een ideale oplossing. Helaas is zo'n pil altijd minder compleet dan gezonde, verse voeding. In fruit en groente zitten namelijk ook vezels en essentiële vetzuren. Plus bioactieve stoffen die onze gezondheid helpen. Het zijn er een paar duizend en ze hebben bizar mooie namen als isoflavoïden, catheninen, luteïne, isothiognaten, quercetine, kaempferol, etc. Hoe al die stofjes precies werken en waarvoor, weten we nog steeds niet. Dat ze werken, weten we wel. Misschien zit het wel in de combinatie van vitamines met deze stoffen. Niemand weet het, dus er is geen pil van te draaien. Al dat goeds is gelukkig in overvloed te koop. Het zit exclusief in vers en onbewerkt eten.

Een vijftien jaar durend onderzoek onder 160.000 vrouwen in Amerika toonde aan dat multivitaminepillensliksters niet gezonder zijn. Vaak worden vitamines uit zulke pillen niet goed opgenomen.

De uitzonderingen bevestigen overigens de regel. Er zijn twee soorten vitamines waarvan een dagelijkse extra dosis wel zinvol kan zijn – zelfs als je volwaardig en afwisselend eet

Vitamine D is belangrijk voor sterke botten. De zon is de belangrijkste leverancier van vitamine D. Een tekort komt vaak in de winter voor. Kleine kinderen, zwangere vrouwen en mensen met een donkere huidskleur lopen extra risico. De Gezondheidsraad adviseert kinderen tot 4 jaar dagelijks 10 microgram vitamine D extra te geven. Tenzij ze zuigelingenvoeding of opvolgmelk gebruiken. Donkere kinderen geef je ook na het vierde jaar extra vitamine D. Zwangere vrouwen en vrouwen die borstvoeding geven idem dito.

Vitamine B9 – oftewel foliumzuur – voorkomt een open ruggetje. Begin met slikken als je zwanger wilt worden en gebruik het ook in de eerste maanden van de zwangerschap.

In het hoofdstuk Vegetarisch vind je extra informatie over vitaminegebruik bij een beestloos dieet.

Vitamines

Als je denkt dat een multivitaminepil zinnig is voor jouw kind, informeer je dan goed. Kies voor speciale kinderpilletjes. Daarmee voorkom je overdosering. Berg ze goed op, want ze lijken vaak op snoepjes (en zo smaken ze ook). Leg je kinderen uit dat te veel vitaminepillen juist helemaal niet goed is!

We vallen vreselijk in herhaling, kan niet schelen, daar gaan we weer: ook wat vitamines betreft gaat er niks boven gevarieerd, vers en onbewerkt eten. En veel buiten spelen!

Voorraadkast

Laat thuis na een weekendje weg? Geen tijd om boodschappen te doen? Of gewoon helemaal vergeten? Met een gevulde voorraadkast lach je er om. De diepvries kan ook een goede vriend zijn. En met een beetje mazzel wonen er permanent een paar kruidenfamilies op je balkon.

In de voorraadkast sla je dingen op die lekker en gezond zijn. En lang houdbaar natuurlijk, want anders zijn ze niet meer lekker en gezond als je ze nodig hebt:

Vooraadkast

olijven achter glas
olijfolie
azijn
gepelde tomaten in blik
zongedroogde tomaten
pasta in soorten en maten
pijnboompitten, walnoten en cashewnoten
voorverpakte maïs of maïs in blik
witte bonen, kidneybonen, borlottibonen, kikkererwten
uien
knoflook
artisjokharten
kappertjes
meel
kokosmelk

In de diepvries staan dingen als doperwten en zelfgemaakte soep. Handige porties van je eigen pastasaus, die je met vooruitziende blik hebt gemaakt. En volkorenbrood natuurlijk.
De diepvries is wel iets minder duurzaam dan de voorraadkast, want hoe meer mini-Noordpooltjes in de keuken, hoe minder Noordpool op de Noordpool.

Zoetstoffen

Door alle light producten krijgen kinderen (en wij ook) elk jaar meer zoetstoffen binnen. De namen ken je misschien al. Cyclaamzuur (E952), acesulfaam-K (E950), sacharine (E954), aspartaam (E951), sorbitol (E420) en zo zijn er nog wat. Ze komen steeds vaker voor. In frisdrank, maar ook in toetjes, sladressings, mayonaise, kauwgom, tandpasta en mondverfrissers. Zelfs in vitaminepillen en medicijnen. Voor je het weet, zit je aan of over je Aanvaardbare Dagelijkse Inname (ADI).

Fabrikanten voegen vaak drie verschillende zoetstoffen aan een product toe, ook bij 'natuurlijk' ogende pakjes vruchtensap. Dat schijnt niet te zijn om onder de ADI te blijven, maar omdat het effect dan sterker wordt. Of dat ook voor de bijwerkingen geldt, is onbekend.

Op de etiketten staat niet hoeveel van elke zoetstof er precies in zit. Je hebt geen idee hoeveel je kinderen binnen krijgen. Jonge kinderen zijn ook nog eens extra kwetsbaar, aangezien ze nog niet zoveel kilo's wegen en daardoor al snel het maximum bereiken.

Producenten, het Voedingscentrum en Sonja's zien zoetstoffen als een geweldig middel in de oorlog tegen 'de calorieën'. Zoetstoffen zijn volgens hen onze vrienden. Je krijgt er in ieder geval geen kanker van. Dat werd ons verzekerd door een fabrikant die een pdf stuurde.

Databanken en wetenschappelijke studies constateren wel de volgende bijwerkingen:

Aspartaam (E951): migraine, achterstand in geestelijke ontwikkeling, neurologische afwijkingen en neuro-endocriene stoornissen (wordt nu onderzocht). Een Amerikaanse overheidsinstantie rapporteerde 88 ongewenste symptomen bij aspartaamgebruik. 74 door de producent gesponsorde onderzoeken naar aspartaam (NutraSweet, Canderel) tonen aan dat het veilig is. 92 onafhankelijk onderzoeken laten in 91% van de gevallen reden tot zorgen zien.

Sorbitol (E420): bij gevoelige personen: misselijkheid, darmkrampen, overgeven, gasvorming, diarree.

Acesulfaam-K (E950): bijwerkingen bij dieren (mensen moeten het zelf maar proberen): verminderde eetlust, toegenomen hemaglobinegehalte en vergroting eerste deel dikke darm.

Sacharine (E954): netelroos, lichtovergevoeligheid, verstopping, gezwelvorming in de dikke darm, diabetes.

Cyclaamzuur (E952): netelroos, lichtovergevoeligheid, mogelijk blaaskanker. Let op: jonge kinderen kunnen al snel de ADI overschrijden, dus echt af te raden.

Van zoetstoffen als mannitol (E421) en maltitol (E965) valt de bijwerking volgens de boekjes mee. Zelf gingen we flink aan de dunne, na het eten van een paar ambachtelijk dropjes, die sugarfree bleken.

Afgezien van de bijwerkingen is er misschien nog een goede reden om geen zoetstof te gebruiken. Er is een sterk vermoeden dat je er dikker van wordt. Jonge ratjes eten meer calorieën na het eten van kunstmatig gezoete yoghurt dan na het eten van gewoon gezoete yoghurt.

Hoe dan ook, zoetstoffen zijn een beetje de methadon van de suikerverslaafden. Vervang suiker niet door zoetstof. Eet liever een kleiner bakje echt slagroomijs. Geen light frisdrank, maar heavy fruitsmoothies.

Een slim plan is je gezin langzaam aan iets minder zoet te laten wennen. Verminder de suiker in de thee. Langzaam maar zeker wordt die minder zoete smaak gewoon. Kinderen hebben daar een leven lang lol van. Het is niet alleen gezonder, maar zoet drukt ook een hoop andere lekkere smaken weg.

Zout

Je lichaam heeft 1 gram zout per dag nodig. Of als je een scheikundedoos hebt: 0,4 gram natrium, waar zout voor 40% uit bestaat. Te veel zout is nergens goed voor. Je krijgt er een hoge bloeddruk van en dat leidt tot beroertes en hartinfarcten.

Een 6-jarige mag niet meer dan 3 gram zout per dag eten, liever veel minder. Onze 6-jarigen eten nu gemiddeld 5,9 gram zout. Zes gram: dat is het maximum voor een volwassene! Die overigens gemiddeld 11 gram zout per dag eet, dat is dus ook twee keer te veel. Wel consequent, maar helemaal niet gezond.

Minder zout eten is lastig als je veel verpakte en bewerkte producten eet. Zout dient als goedkope smaakmaker en is ook nog eens een prima conserveermiddel. Kant-en-klaarmaaltijden, soep uit blik, pizza, snacks, chips, maar ook ontbijtproducten (ook cornflakes!) bevatten veel zout.

Op het etiket worden we vaak voor de gek gehouden. Te veel zout staat niet gezellig, dus er staat: natrium. Laat je niet foppen: 1 gram natrium is 2,5 gram zout. 2 gram natrium is 5 gram zout en 3,75 gram natrium is bijna 10 gram zout. Je leert er wel goed van rekenen: natrium x 2,5 = zout!

Nog een sommetje dan maar? Men neme een magnetronmaaltijd, 'Penne met Italiaanse kruidenkaas' bijvoorbeeld. Deze bevat volgens het etiket 1,28 gram natrium per 100 gram. Als je 2 ons van die voorgekookte penne eet, consumeer je dus 6,4 gram zout.

Eet je de hele maaltijd (450 gram) dan heb je 14,4 gram zout te pakken. Tweeënhalf keer je dagelijkse maximale dosis en veertien keer het minimum.

Zo zout had je het nog niet gegeten.

In Nederland staat zout nog niet echt op de agenda. In de Richtlijnen Goede Voeding van de Gezondheidsraad wordt geen specifiek advies voor kinderen gegeven.
Dus hierbij de zoutrichtlijnen van het Engelse Voorlichtingsbureau Voeding, want die hebben de boel wel naar leeftijd opgesplitst:

0 - 6	maanden	0 gram zout per dag (baby's krijgen in principe voldoende binnen via borstvoeding)
7 - 12	maanden	maximaal 1 gram zout per dag
1 - 3	jaar	maximaal 2 gram zout per dag
4 - 6	jaar	maximaal 3 gram zout per dag
7 - 10	jaar	maximaal 5 gram zout per dag
11	jaar en ouder	maximaal 6 gram zout per dag

De industrie is ondertussen bezig met allerlei knappe oplossingen voor onze zoutverslaving. Zoals kunstmatige zoutstoffen toevoegen, die een zoute sensatie geven. De symptomen van te veel zout worden straks bestreden door bloeddrukverlagende levensmiddelen (verkrijgbaar zonder doktersrecept). Geen grapje, ze zijn binnenkort te koop. 'Ondersteunt het handhaven van een gezonde bloeddruk' staat er dan op je fabriekssoep of dieetyoghurt. Misschien wel met het logo van de Hartstichting erbij. Ongetwijfeld een prachtig patent en prima handel, maar of we er echt beter van worden, vragen we ons af.

Veel beter en simpeler lijkt het ons om de oorzaak aan te pakken: wennen aan minder zout. Minder voorgekookte voedingswaar en minder zoute snacks kopen helpt ook.

Maak je eigen verse maaltijden en voeg zo min mogelijk zout toe. Ietsje erbij doen kan altijd, zout eruit vissen is onmogelijk. Gebruik eventueel natriumarm zout, dat is te koop bij iedere supermarkt. Wen je kinderen en jezelf aan weinig zout. Ben je een zoutekauw, dan moet je even afkicken...

...en dan gaat er een wereld aan nieuwe smaken voor je open. Tijm, bieslook, basilicum, oregano, kervel, salie en laurierblad: prima zoutvervangers. Net als paprikapoeder, citroengras, kaneel, gember en komijn. Ook kinderen kun je langzaam leren genieten van al die nieuwe smaken. Want alleen maar zout eten, dat is ook vrij zouteloos.

Zorgeloos

Gefeliciteerd! Je bent aan het eind van het **KEET ABC**. Vrees niet, je hoeft niet alles uit je hoofd te leren om je **Keetdiploma** te halen. Als je tot drie kunt tellen, ben je al geslaagd:

- **Eet echt eten**
  Koop vers en onbewerkt of maak je eigen kant-en-klaar een dag (of twee) van tevoren.

- **Voed je geest**
  Denk zelf na, lees etiketten en leer ook je kinderen wat gezond is (en waarom).

- **Keet Smakelijk!**
  Maak er een gezellige puinhoop van, samen aan tafel is leuker en lekkerder.

Bronnen

Tijdens onze research kwamen we veel onafhankelijk en gedegen onderzoek tegen, met nieuwe inzichten. We merkten ook dat de 'officiële leer' soms wat minder onderbouwd is dan je zou mogen verwachten. De stelligheid waarmee sommige voedingsadviezen worden gebracht, is op zijn minst discutabel.
Naast vers eten en lol aan tafel, is een gezonde discussie over onze voeding hard nodig. Zo valt er over vetten, landbouwgif, light producten en E-nummers veel meer te vertellen dan de meeste mensen weten (en sommigen willen horen). Het KEET ABC is bedoeld als broodnodige aanvulling en verdieping op de bestaande voorlichting.

In het **KEET ABC** staan een aantal zaken die je wellicht nog niet eerder hebt gehoord. Dat komt onder andere doordat bij veel voorlichtingscampagnes en onderzoek ook bedrijven zijn betrokken. Die hebben – naast alle goede bedoelingen – natuurlijk ook een beetje eigenbelang.
Het Voorlichtingsbureau Margarine, Vetten en Oliën is opgericht door fabrikanten. Hun inzichten matchen opvallend vaak met het huidige productaanbod. Ik Kies Bewust is ook zo'n initiatief van marktpartijen.

Het Voedingscentrum, betaald door de overheid, kiest bewust voor samenwerking met de industrie. Daarmee komt de onafhankelijkheid in gevaar. Het is ons opgevallen dat het Voedingscentrum niet echt voorop loopt in actuele discussies over bijvoorbeeld vetten en hulpstoffen. Dat is jammer. Wij vinden dat er een kritischer en krachtiger geluid nodig is om ongezonde voedingspatronen te veranderen. Met dit boek willen we zoveel mogelijk mensen van extra kennis over eten voorzien.

We staan open voor kritische noten, suggesties en opbouwend commentaar. Want hoe meer we over dit onderwerp praten, hoe beter. Liefst met z'n allen aan een lange tafel en met een goede fles wijn erbij.

Wil je meer weten?
Onze bronnen staan (vaak met links) op keetsmakelijk.nl

Keet Smakelijk bedankt

onze lieve kinderen Puck en Bliek. Jullie waren onze proefkonijnen, we mochten bergen speelgoed lenen en jullie werden niet boos. Zelfs niet als we in de vakanties nog steeds aan het fotograferen en schrijven waren.

Marijke van Opstall, voor alle weekends oppassen en je aanstekelijke creativiteit, waarmee je al een halve eeuw alle kinderen laat opbloeien. Dit boek is ook een culinaire hommage aan jouw poppentheater.

Scato senior, omdat Keet Smakelijk helemaal in zijn geest is gemaakt. Zijn humor en fotografiegekte leven voort in de recepten, zijn passie voor wetenschap en ethiek in het ABC.

Rob Emmelkamp en Willeke Bezemer, voor alle gastvrijheid in Frankrijk, waar we buiten onze ad hoc fotostudio konden bouwen. Jullie liefde voor koken en eten uit eigen moestuin vind je ruimschoots terug in dit boek.

Marijke Bus, een anti-kookheld, die veel liever een goede roman las. Haar liefde voor fictie is in dit boek verweven: elk recept heeft een ander verhaal.

Daan Remarque, die als bèta-lezer, observator, foodie, strateeg, analyticus en vooral ook maatje een enorme boekensteun was.

Hein Verdam en Petra van Heeteren, voor de spoedcursus uitgeven, aan de hand van hun boek *Een eigen huis in Frankrijk*.

Inez van Eijk voor het letterproeven en recepttesten.

Wil Oortgijs, die we laat uit bed mochten bellen (of gewoon laat uit bed belden) voor second opinions.

Jetse Sprey voor de juridische typografie.

Inge Hardeman voor haar praktische perstips en pr-adviezen.

Clea de Koning voor haar gezonde scepsis en ontwapenend enthousiasme.

onze recepttesters en proefpersonen:
Emjay, Marion, Storm & Kick,
Juleke, Mark-Jan & Alexander,
Daan, Merel, Magali, Lolotte & Cyrus,
Marold, Sylvia, Arjan, Merel, Victor,
Emilie, Pierluigi & Leo.

whizkids Pieter, Puf en Mark-Jan voor digitale en distributieadviezen.

de pr-parochianen in de Vondelkerk die ons on- en offlinewijsheden influisterden: Marije, Melanie, Edzart, Daan, Maira en alle anderen.

Arco Bevelander van drukkerij Tuijtel voor al zijn betrokken adviezen over drukken, binden en papier - dat nu extra goed tegen vette vingers kan.

Straight Premedia voor hun beeldschone hulp.

Michel Willems van One-Stop-Webshop, die exact begrijpt wat een beginnende webwinkelier nodig heeft en dat tot in de puntjes regelt.

Myrthe Paassen van Nic. Oud voor het opvoeren van de verzendsnelheid van ons Keetkonijn.

onze onmisbare raadgevers en ondersteunende regelaars: Bernard Oosterwijk, Francine Meijll en Wim Huijsmans.

onze favoriete groenvoorziers: de familie Olgün, Oase en de markt op de Noordermarkt.

Michael Pollan for being Michael Pollan.

Sly voor de Family Stone en Dweezil Zappa voor Zappa Plays Zappa (Call any vegetable!).

Dank, dank, dank en vergeef ons als we nog iemand zijn vergeten (hopelijk komt er een herdruk).

Tot slot een hele **vette dikke** dankjewel voor twee bijzondere mensen, zonder wie dit boek een stuk minder mooi en minstens een half jaar te laat was geweest:

Marieke Bemelman, voor je geoliede productiebegeleiding, je immer goede humeur, je nuchtere voortvarendheid en je passie voor het boekenvak: het is een genot om met je te werken.

Puck Bosch, die een titanenwerk verzette en onze ruwe vormideeën bewerkte tot prachtige, grafische diamanten. Je enthousiasme, vakliefde en geduld zijn zeldzaam. Een gestileerd Keetkonijn van de recepten naar het ABC laten racen: geniaal.

Colofon

© 2009 Laura Emmelkamp en Scato van Opstall / VOF Keet Smakelijk, Amsterdam

Recepten, tekst, fotografie en art-direction: Laura Emmelkamp en Scato van Opstall, Amsterdam
Eindredactie en projectcrealisatie: Marieke Bemelman / de Connecting Link, Bilthoven
Vormgeving: Puck Bosch / Firma Puck, Amsterdam
Druk: Tuijtel, Hardinxveld-Giessendam

 Dit boek is gedrukt op FSC gecertificeerd papier. Dat betekent dat de voor dit papier gebruikte bomen uit verantwoord beheerde bossen komen en dat de productie niet tot bosvernietiging heeft geleid.

Niets uit deze uitgave mag verveelvuldigd en/of openbaar gemaakt worden door middel van druk, fotokopie, scan, digitaal bestand of op welke andere wijze dan ook zonder voorafgaande schriftelijke toestemming van de auteur/uitgever.

We hebben dit boek naar eer en geweten gemaakt. Desalniettemin kunnen we niet instaan voor eventuele omissies en feitelijke onjuistheden. Ook zijn we niet aansprakelijk voor de gevolgen van onze recepten, adviezen, beweringen en malle verhaaltjes bij de recepten. Het is wel onze bedoeling dat dit boek families veel smakelijke momenten, gezondheid en plezier gaat brengen.

ISBN 978-90-814396-1-9
NUR 216 / 893